Punkt für Punkt

Individuell fördern durch Differenzierung

Rechtschreibung und Zeichensetzung **7/8**

Peter Kohrs

© 2012 Bildungshaus Schulbuchverlage Westermann Schroedel Diesterweg Schöningh Winklers GmbH,
Georg-Westermann-Allee 66, 38104 Braunschweig
www.westermann.de

Druck A^4 / Jahr 2023
Alle Druck der Serie A sind im Unterricht parallel verwendbar.

Umschlaggestaltung: Reinhild Kassing, Kassel, unter Verwendung einer Fotografie aus © fdenb – fotolia.com
Illustrationen: Heinrich Drescher, Münster, sowie Reinhild Kassing, Kassel (Differenzierungszeichen)
und Matthias Berghahn, Bielefeld (Heftpiktogramm)
Druck und Bindung: Westermann Druck GmbH, Georg-Westermann-Allee 66, 38104 Braunschweig

ISBN 978-3-14-025131-0

Inhalt

Zum Konzept

Einsatzmöglichkeiten

Die Module dienen vor allem dem differenzierenden Üben, Wiederholen und der Vertiefung. Die Materialien, die in qualitativer und quantitativer Hinsicht differenziert sind, ergänzen die Angebote der Lehrbücher und Arbeitshefte. Sie können sowohl differenzierend-arbeitsteilig wie auch progressiv-steigernd eingesetzt werden und ermöglichen die **individuelle Gestaltung der Lernwege**; dies heißt vor allem: Es geht darum, beim Schüler die individuellen Stärken auszubauen und etwaige Schwächen abzubauen. **Individuelle Förderung** mithilfe der Module ist möglich

- als Binnendifferenzierung im Unterricht,
- im Förderunterricht und in Förderkursen.

Die Materialien sind in unterschiedlichen schulischen Situationen einsetzbar, z. B.:

- Wiederholung und Vertiefung der Lerninhalte im Langzeitgedächtnis,
- Übung für eine Klassenarbeit,
- differenzierende Hausarbeit.

Individualisierung des Lernens und Einzelarbeit darf nicht zur Vereinzelung führen. Neben der Methode *Einzelarbeit* bieten daher die Module Möglichkeiten für das selbstbestimmte, schülerzentrierte Lernen in dezentralen Arbeitsformen wie Partnerarbeit, Gruppenarbeit und Stationenlernen, wobei der Schüler zum Träger und Mitgestalter von Lernprozessen wird.

Ein Rezept für die beste Unterrichtsmethode gibt es nicht. Über die konkrete Methode beim Einsatz der Materialien entscheidet der Deutschlehrer, der die Stärken und Schwächen seiner Lerngruppe am besten einzuschätzen weiß. Empfohlen wird ein breit gestreutes Methodenrepertoire.

Aufbau

Jedes Modul umfasst fünf bis sieben Arbeitsbögen:

- **Basismaterial:** Regelkasten und Übungen, die von allen Schülern der Lerngruppe bearbeitet werden sollten,
- zwei oder drei **differenzierende Zusatzmaterialien,**
- einen **Arbeitsbogen zur Überprüfung des Gelernten:** Kurzer Wissenscheck „Was habe ich gelernt?",
- einen **Lösungsbogen** zur Selbstkontrolle.

Methodenschulung und strategisches Lernen

Weil „das Lernen lernen" der Schüler, ihre Lernmethodik, zum Erwerb von Kompetenzen von großer Wichtigkeit ist, sollen die Module auch der Methodenschulung dienen. Somit kann das Gelernte auf andere Situationen übertragen werden. So werden vor allem in den ersten beiden Modulen die folgenden drei für die Rechtschreibung wesentlichen **Kernstrategien** eingeübt:

- Wörter mitsprechen und so schreiben, wie man sie spricht: **„Mitsprechwörter".**
- Schreibweise von Wörtern erklären und ableiten mithilfe einer anderen Wortform, von Wortverwandten oder mithilfe grammatischen Wissens: **„Nachdenkwörter".**
- schwierige Wörter einprägen durch genaues Hinschauen und sorgfältiges Aufschreiben: **„Merkwörter".**

Auf diese drei Strategien wird in allen anderen Modulen immer wieder zurückgegriffen.

Überblick:
Lernbereiche/Fehlertypen und Übungsstrategie

Lernbereiche	Beispiele	Was man tun kann
• Konsonanten nach kurzem Vokal	kommen, Hand	mitsprechen, Silbenbögen zeichnen
• Lang gesprochene Vokale	Vater, er kam, Sohn, Boot, Miete, Vieh, Bibel,	mitsprechen, Merkworttraining
• Verwechselbare Konsonanten: d – t, b – p, g – k	Rad, Laub, Berg, ihr seid – seit	mitsprechen, erklären: verlängern, Wortverwandte, unterschiedliche Bedeutungen
• Verwechselbare Vokale: ä – e; äu – eu	Pferd – er fährt, heute – Häute	erklären: verlängern, ableiten, Wortverwandte; Merkworttraining; unterschiedliche Bedeutungen
• [z]- und [k]-Laute nach kurzem Vokal: tz und ck	Tatze, meckern (heizen, Pauke, Holz)	mitsprechen, erklären: Regeltraining
• [s]-Laute: s, ss, ß	Rose, Fluss, gießen	mitsprechen, erklären: Regeltraining, Merkworttraining
• [f]-Laute	viel – er fiel, Vase	Merkworttraining, Bedeutung, Wörterbuch
• Seltene Konsonantenverbindungen	Stadt, Quelle, Fuchs,	Merkworttraining, Wörterbuch
• Fremdwörter	Attraktion, Garage, Physik	Merkworttraining, Wörterbuch
• das und dass	Wortarten: Artikel *das*, Demonstrativpronomen *das*, Relativpronomen *das*, Konjunktion *dass*	erklären: Ersatzprobe, grammatisches Wissen
• Groß- und Kleinschreibung	**das** Pferd, **beim** Kochen, **wenig Gutes**	erklären: Artikelprobe, Nomensignale, grammatisches Wissen
• Zusammen- und Getrenntschreibung	bitterkalt, schwarzfahren, Rad fahren, fertig sein	erklären, Wörterbuch, übertragene Bedeutungen
• Kommasetzung	wörtliche Rede, Aufzählung, Anrede, Einschub, Satzreihe, Satzgefüge	erklären: grammatisches Wissen; Regeltraining

Modul 1: Techniken und Methoden für die Rechtschreibung

Ich bin dein Info-i!

> Um ein Wort richtig zu schreiben, ist es wichtig zu erkennen,
> - ob ein Vokal lang oder kurz ausgesprochen wird: der Wal – der Wall; der Ton – die Tonne;
> - ob ein Konsonant hart oder weich ausgesprochen wird: backen – packen; Seide – Seite;
> - welche Bedeutung gleichklingende Wörter haben: leeren (etwas ausschütten) – lehren (unterrichten);
> - zu welcher Wortart ein Wort gehört: Buch (Nomen/Substantiv); lesen (Verb), interessant (Adjektiv).

1. Sprich die folgenden Wortpaare zunächst laut. Ordne sie in die Tabelle unten ein. Kennzeichne den betonten langen Vokal durch einen Strich und den kurzen Vokal durch einen Punkt.

   der Schal – der Schall; die Latten – der Laden, der Ofen – offen, das Maß – die Masse,
   der Mut – die Mutter, das Beet – das Bett, die Ratte – die Rate, der Rabe – der Rappe, beten – betten,
   die Fahne – die Pfanne, der Sohn – die Sonne, die Kelle – die Kehle

   langer Vokal   **kurzer Vokal**

   _____   _____

   _____   _____

   _____   _____

   _____   _____

2. Unterstreiche auch hier den betonten langen Vokal/Doppellaut im Inlaut des Wortes, kennzeichne den kurzen Vokal mit einem Punkt. Denke daran, dass Doppellaute immer lang ausgesprochen werden.

   die Klasse, leben, das Boot, das Paar, stören, die Brause, die Kammer, der Sommer, klettern, messen,
   die Rose, der Mut, die Reise

3. Unterscheide harte und weiche Konsonanten im Inlaut. Setze in die Lücken die passenden Buchstaben ein.

   d oder t? – die Klei☐er, die Lei☐er, die Hem☐en, sie bera☐en, bun☐e Klei☐er

   b oder p? – die Beurlau☐ung, es pie☐t, die Telesko☐e, eine plum☐e Bemerkung,
   ein gel☐es Rapsfeld, ein lie☐es Kind, sie hu☐en, wir blei☐en

   g oder k? – die ☐arten, der ☐arten, sie par☐en, ein flin☐er Läufer, sie la☐en,
   das Kran☐enhaus, der Fin☐er, die La☐e, sie re☐en sich auf

4. Unterscheide die Bedeutung der folgenden gleich klingenden, aber anders geschriebenen Wörter. Schreibe dazu in die Klammern jeweils ein Wort oder eine knappe Wortgruppe, durch welche die Bedeutung gekennzeichnet wird.

   die Lärche (Baum) – *die Lerche (Singvogel)*

   das Lied (zum Singen) – das Lid (_____)

   das Mal (das eine Mal) – das Mahl (_____)

   die Sohle (_____) – die Sole (Salz)

   die Waagen (_____) – die Wagen (_____)

Modul 1: Techniken und Methoden für die Rechtschreibung

der Wal (_____) – die Wahl (_____)

die Weise (Musikstück) – die Waise (_____)

der Stiel (Axtstiel) – der Stil (_____)

der Band (Buch) – das Band (_____)

viel (viel Geld) – er fiel (_____)

die Weite (weite Sicht) – die Weide (_____)

> Hier kommt es auf die Bedeutung an …

die Küste (_____) – sie küsste (_____)

der Fund (_____) – das Pfund (_____)

die Feile (_____) – die Pfeile (_____)

der Flug (_____) – der Pflug (_____)

das Meer (_____) – mehr (_____)

5. Unterscheide auch die folgenden Wörter nach ihrer Bedeutung, indem du einen kurzen Satz bildest, in dem das jeweilige Wort vorkommt.

seid (Ihr seid meine Freunde.) – seit (Wir haben seit gestern Ferien.)

sie reist (_____) – sie reißt (_____)

er war (_____) – wahr (_____)

fast (_____) – er fasst (_____)

bis (_____) – er biss (_____)

du hasst (_____) – du hast (_____)

6. Du weißt längst, dass Nomen großgeschrieben und alle anderen Wortarten kleingeschrieben werden. Schreibe den folgenden Text in der üblichen Form in dein Heft. Beachte, dass die Satzzeichen hier als Wort geschrieben sind.

Einregenwurmbegannnachdemgewitterausdembodenzukriechenundbemerkteganzindernäheeinenzweitenwurmkommaderdasselbetatpunktanführungszeichendubistbezauberndschönanführungszeichenkommasagteerkommaanführungszeichenundichmöchtedichgerneheiratenausrufezeichenanführungszeichenanführungszeichenachkommaquatschausrufezeichenanführungszeichenkommaentgegnetedieserkommaanführungszeichenichbindochdeinanderesendeausrufezeichenanführungszeichen

7. Kennzeichne in dem folgenden Satz die Wortarten. Schreibe die lateinische Bezeichnung als Abkürzung jeweils über das Wort. Die Zahl in der Klammer gibt dir die Anzahl der zu suchenden Wortarten an:
Verb = V. (2), Nomen = N. (7), Artikel = Art. (3), Adjektiv = Adj. (1), Pronomen = Pron. (2), Präposition = Präp. (2), Konjunktion = Konj. (1), Adverb = Adv. (2), Numerale = Num. (2).

Der   Schüler   erklärt   heute   seinem   Lehrer   während   der   Pause   die

eigenwillige   Lösung   seiner   zwei   Matheaufgaben,   weil   dazu   im

Unterricht   wenig   Zeit   war.

Modul 1: Techniken und Methoden für die Rechtschreibung

© Schöningh 978-3-14-025131-0

Modul 1: Techniken und Methoden für die Rechtschreibung

Mitsprechen – Mitsprechwörter

Bei etwa 50 % der Wörter kann man die Schreibweise heraushören. Dazu muss man die Wörter halblaut in deutlicher Weise mitsprechen und bei zwei- und mehrsilbigen Wörtern auf die Sprechsilben achten.

1. Unterstreiche in den beiden folgenden Witzen Mitsprechwörter, deren richtige Schreibweise man durch sorgfältiges Mitsprechen und genaues Zuhören heraushören kann. Alle markierten Wörter sind keine Mitsprechwörter, sondern Merkwörter oder Nachdenkwörter.

   a) „Herr Ober", fragt der Gast, „was wollen denn die **vielen Leute**, die sich **plötzlich** um meinen Tisch **herumdrängen**?" „Aber, mein Herr", entgegnet der Ober, „Sie hatten doch einen Auflauf bestellt!"

   b) Paula und Paul radeln auf ihrem **Tandem** einen Hügel hinauf. **Endlich** oben **angekommen**, wischt sich Paula den Schweiß von der Stirn: „So steil habe ich mir den Hügel **gar nicht** vorgestellt!" Darauf Paul: „Ja, wir **wären** glatt wieder **rückwärts runtergerollt**, wenn ich nicht **dauernd gebremst hätte**."

2. Die in den Texten unter Aufgabe 1 markierten Wörter sind keine Mitsprechwörter. Erkläre dies kurz für jeweils zwei Wörter aus den Texten a und b wie im Beispiel.

   a) *viele:* Merkwort mit v, nicht mit f; leicht verwechselbar mit der Formulierung er fiel vom Verb fallen

   _____

   _____

   _____

   b) _____

   _____

   _____

   _____

3. Sprich deutlich und setze ein: ie/i oder ü. Achte auf die in der Klammer angegebene Bedeutung des Wortes.

   die K☐ste (am Meer) – die K☐ste (Kasten)

   die B☐ne (Insekt) – die B☐hne (beim Theater)

   l☐gen (im Bett) – l☐gen (die Unwahrheit sagen)

   k☐ssen (Zärtlichkeit) – das K☐ssen (auf dem Sofa)

   sp☐len (das Geschirr) – sp☐len (z. B. im Sandkasten)

4. Bei den folgenden Wörtern kannst du pf (im Inlaut) und Doppelkonsonanten (im Inlaut) deutlich heraushören (mm, dd, nn, ff, pp, tt, ss, rr, ll). Ergänze die Buchstaben; diese sind jeweils für eine Reihe gleich. Zeichne in jeder Reihe für zwei Wörter die Silbenbögen.

   ru☐en, der Gi☐el, die Zö☐e, zu☐en, sto☐en, der Wi☐el

   die Ka☐e, sie ke☐en, die To☐e, die Si☐e, die Ta☐e, ri☐en

   sie ko☐en, der So☐er, fro☐e Leute, der Schi☐el, sie su☐en

   wir kle☐ern, die Ma☐e, ein flo☐es Spiel, der Sa☐el, ra☐ern

Modul 1: Techniken und Methoden für die Rechtschreibung

sie tre ☐ en, der Ko ☐ er, ho ☐ en, kla ☐ en, die Wa ☐ el, die Zi ☐ er

die Pa ☐ el, za ☐ eln, kla ☐ en, der Ra ☐ e, ta ☐ en, der La ☐ en

die Schü ☐ el, die Kla ☐ e, la ☐ en, die Ri ☐ e, fre ☐ en, das Me ☐ er

die Kla ☐ e, pa ☐ eln, bu ☐ eln, a ☐ ieren, der Pu ☐ ing, der Te ☐ y

knu ☐ en, der Ka ☐ en, der Ba ☐ en, mu ☐ en, veri ☐ en

die Fe ☐ e, die He ☐ igkeit, eine to ☐ e Fete, ein schne ☐ er Läufer, sie so ☐ en

5. Schreibe aus den folgenden Witzen jeweils fünf Mitsprechwörter auf, deren Schreibung du durch halblautes Mitsprechen heraushören kannst. Markiere jeweils drei Wörter, die anders geschrieben als gesprochen werden, das heißt, bei denen die Methode des Mitsprechens nicht funktioniert.

a) Eine Frau kommt in ein Modegeschäft und fragt die Verkäuferin: „Entschuldigen Sie, dürfte ich mal das hellblaue Sommerkleid im Schaufenster anprobieren?" Die Verkäuferin: „Natürlich, aber Sie können auch unsere Umkleidekabinen benutzen."

_____

b) Ein Mann und ein Hund spielen im Stadtpark miteinander Schach. Kommt ein Fußgänger vorbei und wundert sich. Er sagt: „Sie haben aber einen klugen Hund!" Darauf antwortet der Hundebesitzer: „Von wegen klug! Der verliert doch andauernd!"

_____

c) Die Schneckenkinder machen mit ihrem Schneckenpapa eine Wanderung. Als sie sich einer Straße nähern, ermahnt sie der Vater eindringlich: „Dass ihr mir ja nicht über die Straße rennt, Kinder! In drei Stunden kommt der nächste Bus!"

_____

6. Trage jeweils in das Kästchen die Abkürzungen in der Klammer ein:
● Man kann die Schreibung durch deutliches Mitsprechen herausfinden: Mitsprechwort (Mi.).
● Man kann die Schreibung durch Verlängern oder Ableiten erklären, indem man die Schreibweise hörbar macht: Nachdenkwort (N.).
● Man muss sich die Schreibweise merken oder im Wörterbuch nachschlagen: Merkwort (Me.).
Gib für die Nachdenkwörter ein Wort an, das die Schreibweise erklärt.

☐ laufen ☐ unendlich

☐ der Gesang – die Gesänge, singen ☐ bekommen

☐ die Erbse ☐ der Gips

☐ die Garageneinfahrt ☐ das Rezept

☐ der Stängel ☐ lassen

☐ die Musik ☐ der Fund

☐ die Reise ☐ bunt

☐ der Omnibus

■ Die Schreibweise erklären – Nachdenkwörter

Bei vielen Wörtern, bei denen man die richtige Schreibweise nicht heraushört, kann man die **Schreibweise ableiten**, um den richtigen Buchstaben hörbar zu machen:
1. durch ein verwandtes Wort der Wortfamilie: F**ä**hrte von fahren, Sand von sandig
2. durch die Bildung einer anderen Wortform, z. B.
    - bei Nomen/Substantiven: Plural bilden: Ber**g** → Berge
    - bei Verben: Infinitiv oder andere gebeugte Form bilden: sie lä**u**ft → la**u**fen, sie la**u**fen; sie sin**g**t → sin**g**en, sie sin**g**en; er hu**p**t → hu**p**en, sie hu**p**en
    - bei Adjektiven: flektierte Form oder Steigerungsform bilden: run**d** → ein run**d**er Tisch; billi**g** → billi**g**er

Zur **Erklärung der Schreibweise** lassen sich auch nutzen:
1. Regeln der Rechtschreibung, z. B.: Bei bestimmten Wortzusammensetzungen darf kein Buchstabe wegfallen: Teeernte oder Tee-Ernte, Schifffahrt oder Schiff-Fahrt.
2. Grammatisches Grundwissen, z. B.: Ein Nomen/Substantiv wird immer großgeschrieben. Darauf weisen im Satz bestimmte Nomensignale hin:
    - Artikel als Begleiter: der Hund, eine Katze
    - Präposition, in der ein Artikel versteckt ist: am (an dem) Nachmittag, beim (bei dem) Mittagessen
    - Adjektiv als Begleiter: ein hübsches Mädchen, ein netter Junge
    - Pronomen als Begleiter: mein Pferd, dieses Tier
    - Mengenangabe/Zahlwort als Begleiter: zwei Katzen, viele Tiere, wenig Hoffnung

1. Erkläre in den folgenden Wörtern die Schreibung der markierten Buchstaben durch eine andere Wortform oder ein verwandtes Wort.

beh**ä**nde	→ _____
sie f**ä**hrt	→ _____
gr**äu**lich	→ _____
er hu**p**t	→ _____
das Qu**ä**ntchen	→ _____
pla**tz**ieren	→ _____
der St**ä**ngel	→ _____
der Stau**b**	→ _____
gef**ä**hrlich	→ _____
stün**d**lich	→ _____
sie gin**g**	→ _____

2. Manche Wörter kann man auf zweierlei Weise schreiben. Erkläre die unterschiedliche Schreibweise, indem du jeweils ein verwandtes Wort mit e bzw. ä aufschreibst.

Schreibweise	verwandtes Wort
aufwendig	_____
aufwändig	_____
Schenke	_____
Schänke	_____

Modul 1: Techniken und Methoden für die Rechtschreibung

Modul 1: Techniken und Methoden für die Rechtschreibung

3. Bei manchen Wörtern lässt sich die Schreibung durch Vergleich mit der Schreibweise anderer Wörter erklären. Gib jeweils zwei weitere Wörter und Ausdrücke mit vergleichbarer Schreibung an.

rau – weil auch: blau, _____

Rad fahren – weil auch: Auto fahren, Halt machen, _____

wegfahren – weil auch: _____

totschießen – weil auch: totfrieren, _____

todernst – weil auch: todkrank, _____

beim Laufen – weil auch: beim Baden, _____

4. Bilde aus den beiden Wortgruppen Wortzusammensetzungen mit drei Vokalen oder drei Konsonanten. Schreibe beide mögliche Schreibweisen auf: Teeernte oder Tee-Ernte.

Krepp, Tee, Schiff, See

Elefant, Papier, Ei, Export, Ecke, Fahrt

_____

_____

5. Schreibe zu den folgenden Grundregeln der Rechtschreibung noch jeweils fünf Beispiele auf.

- Nach einem lang gesprochenen Vokal oder Doppellaut folgt nie ein doppelter Konsonant.

  fließen, er holt _____

- Nach l, m, n, r, das merke ja, steht nie tz und nie ck; weiter merke dir genau: kein tz und ck nach ei, eu und au.

  das Holz, heizen, die Pauke, _____

- Der gesummt ausgesprochene s-Laut wird immer mit einfachem [s] geschrieben.

  lesen, der Esel, _____

- Zur Unterscheidung von ä und e: Wenn es ein verwandtes Wort mit a gibt, wird ä geschrieben.

  tätig (weil: die Tat), _____

6. Schreibe die folgenden Ausdrücke neu auf. Achte auf die Großschreibung von Nomen/Substantiven und anderer Wortarten, die zu Nomen geworden sind; beachte dazu die Nomensignale.

DES MONTAGS, BEIM ESSEN, WENIG NEUES, EIN SCHNELLES PFERD, EIN SPANNENDES BUCH ZUM LESEN, DAS RUFEN UND SINGEN, DES NACHMITTAGS, VIEL LESENSWERTES, EINES ABENDS, DAS NEUESTE VOM TAGE, ALLES GUTE, MIT HERZLICHEN WÜNSCHEN, WENIG SE-HENSWERTES

_____

_____

_____

_____

_____

© Schöningh 978-3-14-025131-0

■ Merken und Einprägen

- Etwa 50 % aller Wörter sind **Mitsprechwörter**: Man kann dabei die Schreibweise durch deutliches Mitsprechen und genaues Hinhören herausfinden. Auch das Zeichnen der Silbenbögen hilft.
  Beispiele: Ton, kommen, rufen, ein.
- Viele andere Wörter kann man als **Nachdenkwörter** [etwa 30 %] bezeichnen: Man kann nämlich die Schreibweise erklären, indem man zum Beispiel eine Verlängerung bildet oder ein verwandtes Wort sucht, um die Schreibung hörbar zu machen.
  Beispiele: Ber**g** → Ber**g**e; San**d** → san**d**ig.
- Es gibt eine erhebliche Anzahl von **Merkwörtern** [etwa 20 %]: Bei diesen kann man die beiden genannten Strategien und Hilfen nicht anwenden. Man muss sich die Schreibung merken oder, wenn man unsicher ist, im Wörterbuch nachsehen. Um sich die Schreibweise fest einzuprägen, ist es notwendig, sorgfältig zu schreiben, beim Lesen genau hinzusehen und auf jeden Buchstaben zu achten.
  Beispiele: während, der Krebs, der Tabak, der Bus, nirgends, die Erbse, das Knäuel, die Säule, der Bär.

1. Schreibe passende Merkwörter in die entsprechenden Buchstabenbilder unten. Achte auf die Unter- und Oberlängen der Buchstaben.

   d/t: während, nirgends, wir sind, bald, Jugend, niedlich, etwas, Ordnung, Widmung

   b/p: Krebs, Erbse, obgleich, Obst, hübsch, Gips, Knirps, Schlips, Papst, Rezept, September, Mops

   g/k: Bug, Teig, Tabak, Musik, Angst, Punkt, Hengst

2. In dieser Übung und in der folgenden geht es um das genaue Hinschauen und die Wahrnehmung jedes einzelnen Buchstabens. In jeder der folgenden Stilblüten steckt ein Fehler. Korrigiere ihn.

   Globetrottel sucht Begleiterin für den Urlaub.

   ___

   Ausfahrt freihalten! Bissiger Haußherr.

   ___

   Gesunt durchs Tote Meer!

   ___

   Reform der Rechtschreibunk gefordert.

   ___

3. Palindrome sind Wörter, die, wenn man sie von hinten liest, das gleiche bedeuten, als wenn man sie von vorne liest.

anderes Wort für jetzt

Verbindung zwischen zwei Menschen

anderes Wort für immer

Nachtvogel

Helfer aus einer Notsituation

Das Pferd ist ein ...

Verwandtschaftsbezeichnung (Plural)

4. In jedem „Buchstabensalat" steckt der Name eines Tieres. Schreibe in der üblichen Form auf. Setze den Artikel davor.

ASUM, SEEL, NOBIS, RADEMR, ZAKET, LAMKE

_____

_____

5. Korrigiere die Fehler in den folgenden Texten; es geht dabei um Nachdenkwörter und Merkwörter. Text a): sechs Fehler; Text b): fünf Fehler; Text c): vier Fehler; Text d): vier Fehler
Schreibe die Wörter richtig auf.

a) „Sag mir doch, Mama", fragt Lisa, „kommen Männer überhaubt in den Himmel?"
„Aber natürlich, Liepling. Warum fragst du?"
„Weil die Engel auf den bildern niemals Schnurrberte haben."
„Nein, mein Kind, sagt die Mutter gedankenfoll, „einige Männer kommen sicherlich in den Himmel ...,
aber sie werden dort gleich rasirt."

_____

_____

b) Der Artzt fragt den Patienten: „Haben Sie sich daran gehalten, jeden Tak eine halbe Stunde vor dem
Essen Waßer zu trinken?" Der Patient antwortet: „Ich habe es wirklich probirt. Aber wissen Sie – eine
halbe Stunde lank Wasser zu trinken, das dauert mir einfach zu lange!"

_____

c) Zwei Wanderer werden plötzlich von einem gewaltigen Beren bedroht. Blitzschnell reist sich der eine
die Wanderstiefel von den Füßen, hohlt seine Sportschuhe aus dem Rucksack und zieht sie an.
„Was machst du da? Auch mit Sportschuhen bist du nicht schneller als das Rauptier."
„Egal, Hauptsache, ich bin schneller als du!"

_____

d) Ein junger Autofarer gerät in eine Ferkehrskontrolle. „Darf ich mahl Ihren Führerschein sehen?",
fragt die Polizistin freundlich. „Führerschein? Wieso Führerschein?", antwortet der Fahrer. „Ich
dachte, den gibt es erst mit achtzehn ?!"

_____

© Schöningh 978-3-14-025131-0

Kurzer Wissenscheck

Techniken und Methoden für die Rechtschreibung

1. Ich kenne mich aus mit Mitsprechwörtern, Nachdenkwörtern und Merkwörtern.

Kreuze die richtigen Aussagen an.

- [ ] 1. Alle Wörter sind Mitsprechwörter: Man kann durch deutliches Mitsprechen und genaues Hinhören immer heraushören, wie ein Wort geschrieben wird.
- [ ] 2. Etwa 50 % unseres Wortschatzes sind Mitsprechwörter.
- [ ] 3. Alle anderen Wörter außer den Mitsprechwörtern sind Merkwörter.
- [ ] 4. Als Merkwörter kann man die Wörter bezeichnen, deren Schreibweise man weder heraushören noch erklären, ableiten, begründen kann.
- [ ] 5. Bei einem erheblichen Teil der Wörter kann man die Schreibweise erklären und hörbar machen; z. B. durch andere Wortformen oder durch verwandte Wörter.
- [ ] 6. Die Schreibweise von Wörtern lässt sich auch dadurch einprägen, dass man sich das gesamte Wortbild und die einzelnen Buchstaben durch genaues Lesen und sorgfältiges Schreiben fest einprägt.
- [ ] 7. Genaues Lesen und sorgfältiges Aufschreiben sind für die Einprägung der richtigen Schreibweise unwichtig.

2. Ich kann durch sorgfältiges Mitsprechen und genaues Zuhören kurze und lange Vokale unterscheiden.

Kennzeichne den langen Vokal oder Doppellaut im Inlaut der Wörter durch einen Strich und den kurzen Vokal im Inlaut durch einen Punkt.

knapp, sieben, die Tonne, das Kissen, der Kahn, leise, laufen, der Ton, die Kanne, besser

3. Ich kann durch sorgfältiges Sprechen und Zuhören hart und weich ausgesprochene Konsonanten unterscheiden.

Setze jeweils richtig ein.

d oder t? – ra [ ] eln, ra [ ] en, die Gar [ ] ine, sie ta [ ] en es, ro [ ] eln,

b oder p? – der Räu [ ] er, die Rau [ ] e, die Lau [ ] e, sie hu [ ] en

g oder k? – sie lü [ ] en, die Lu [ ] e, sie sa [ ] en, har [ ] en, die Sa [ ] e

4. Ich kann die unterschiedliche Schreibweise gleich klingender Wörter mithilfe der Bedeutungsangabe unterscheiden.

Setze jeweils ein.

i oder ie? – die M [ ] ne (Bergwerk) – die M [ ] ne (Gesicht)

g oder k? – er sin [ ] t (Lied) – er sin [ ] t (im Morast)

e oder ä? – die W [ ] lle (Wasser) – die W [ ] lle (Befestigung)

5. Ich kann Wortarten unterscheiden.

Ordne die folgenden Wortarten jeweils der entsprechenden Wörterreihe zu.

Verb, Nomen oder Substantiv, Artikel, Pronomen, Präposition, Konjunktion

Pferd, Katze, Freundschaft _____

ein, eine, der, die, das _____

dieses, welches, mein, er, sie, wir _____

sehen, können, sein, laufen _____

und, aber, wenn, weil, nachdem, als, dass _____

an, auf, hinter, neben, durch, für, ohne _____

6. Ich kann Mitsprechwörter von anderen Wörtern unterscheiden.

Streiche die Wörter durch, bei denen du die Schreibweise nicht durch Mitsprechen herausfinden kannst.

lesen, raten, während, mein, Pferd, Vieh, es, Schwan, Tante, als, leise, Mikrofon

7. Ich kann die Schreibung von Wörtern erklären, indem ich eine andere Wortform oder ein verwandtes Wort suche, um die Schreibweise hörbar zu machen.

Erkläre die Schreibung der markierten Buchstaben.

die Fäulnis → _____, gläubig → _____, Endspurt → _____

er hätte → _____, du hältst → _____, du liegst → _____

8. Ich kann die Schreibung mancher Wörter durch Vergleich mit anderen Wörtern erklären.

Schreibe jeweils noch zwei Wörter mit entsprechenden Schreibweisen auf.

anspitzen, weil auch: *flitzen,* _____

Ski fahren, weil auch: _____

weglaufen, weil auch: _____

9. Ich kenne wichtige Nomen- bzw. Substantivsignale, die im Satz darauf hinweisen, dass ein Wort ein Nomen ist oder zum Nomen geworden ist und daher großzuschreiben ist.

Kreuze an, was ein Nomen-/Substantivsignal sein kann.

☐ Bestimmter oder unbestimmter Artikel wie *ein, der*

☐ Verb wie *laufen*

☐ Adjektiv als Begleiter wie ein *schöner* Tag

☐ Präposition, in der ein Artikel enthalten ist wie *beim, am*

☐ Pronomen wie *mein*

☐ Konjunktion wie *als, da, nachdem*

Lösungen

Techniken und Methoden für die Rechtschreibung

Basismaterial (S. 6 f.)

1./2. langer Vokal: der Schal, der Laden, der Ofen, das Maß, der Mut, das Beet, die Rate, der Rabe, beten, die Fahne, der Sohn, die Kehle//leben, das Boot, das Paar, stören, die Brause, die Rose, der Mut, die Reise; **kurzer Vokal:** der Schall, die Latten, offen, die Masse, die Mutter, das Bett, die Ratte, der Rappe, betten, die Pfanne, die Sonne, die Kelle//die Klasse, die Kammer, der Sommer, klettern, messen

3. **d oder t?** – die Kleider, die Leiter, die Hemden, sie beraten, bunte Kleider; **b oder p?** – die Beurlaubung, es piept, die Teleskope, eine plumpe Bemerkung, ein gelbes Rapsfeld, ein liebes Kind, sie hupen, wir bleiben; **g oder k?** – die Karten, der Garten, sie parken, ein flinker Läufer, sie lagen, das Krankenhaus, der Finger, die Lage, sie regen sich auf

4. das Lid (des Auges); das Mahl (Essen); die Sohle (des Schuhs); die Waagen (zum Wiegen) – die Wagen (zum Fahren); der Wal (Säugetier) – die Wahl (des Politikers); die Waise (elternloses Kind); der Stil (des Textes oder Bildes); das Band (Haarband); er fiel (von: fallen: er fiel hin); die Weide (Wiese); die Küste (Meer) – sie küsste (von: küssen); der Fund (von: finden) – das Pfund (Gewicht); die Feile (Werkzeug) – die Pfeile (der Indianer); der Flug (der Vögel) – der Pflug (zum Pflügen); das Meer (Wasser) – mehr (er kann nicht mehr)

5. sie reist (Sie reist gerne.) – sie reißt (Sie reißt eine Blume aus.); er war (Er war zu Hause.) – wahr (Das ist nicht wahr.); fast (Sie springt fast fünf Meter weit.) – er fasst (Er fasst es an.); bis (bis morgen) – er biss (Er biss ihm in die Hand.); du hasst (Du hasst ihn.) – hast (Du hast Geburtstag.)

6. Ein Regenwurm begann nach dem Gewitter aus dem Boden zu kriechen und bemerkte ganz in der Nähe einen zweiten Wurm, der dasselbe tat. „Du bist bezaubernd schön", sagte er, „und ich möchte dich gerne heiraten!" „Ach, Quatsch!", entgegnete dieser, „ich bin doch dein anderes Ende!"

7. Der (Artikel) Schüler (Nomen) erklärt (Verb) heute (Adverb) seinem (Pronomen) Lehrer (Nomen) während (Präposition) der (Artikel) Pause (Nomen) die (Artikel) eigenwillige (Adjektiv) Lösung (Nomen) seiner (Pronomen) zwei (Numerale) Matheaufgaben (Nomen), weil (Konjunktion) dazu (Adverb) im (Präposition) Unterricht (Nomen) wenig (Numerale) Zeit (Nomen) war (Verb).

Differenzierungsmaterial 1 (S. 8 f.)

1. **Mitsprechwörter: a)** Ober, der, Gast, was, wollen, denn, sich, um, meinen, Tisch, Aber, mein, der, Ober, hatten, doch, einen, Auflauf; **b)** radeln, auf, einen, Hügel, oben, wischt, sich, Schweiß, von, der, So, habe, ich, mir, den, Hügel, Darauf, Ja, wir, glatt, wenn, ich, nicht

2. **a)** Leute (man muss überlegen: es gibt kein verwandtes Wort mit au, folglich mit eu geschrieben); plötzlich (nach kurzem Vokal wird der z-Laut tz geschrieben); **b)** Tandem (Fremdwort, dessen Schreibung man sich merken muss); Endlich (von Ende, daher mit d)

3. die Küste – die Kiste; die Biene – die Bühne; liegen – lügen; küssen – das Kissen; spülen – spielen

4. rupfen, der Gipfel, ...//die Kanne, sie kennen, ...//sie kommen, der Sommer, ...//wir klettern, die Matte, ...//sie treffen, der Koffer, ...//die Pappel, zappeln, ...//die Schüssel, die Klasse, ...// die Kladde, paddeln, ...//knurren, der Karren, ...//die Felle, die Helligkeit, ...

5. **Mitsprechwörter: a)** Eine, Frau, in, ein, und; **b)** ein, und, im, miteinander, sich; **c)** Die, machen, mit, eine, Als; **Nachdenkwörter bzw. Merkwörter: a)** Modegeschäft, fragt, **V**erk**äu**ferin; **b)** Hund, spielen, **S**tadtpark **c)** Schne**ck**enkinder, **ihr**em, Schne**ck**enpapa

6. laufen (Mi.), der Gesang (N.) – die Gesänge, singen, die Erbse (Me.), die Garageneinfahrt (Me.), der Stängel (N.) – die Stange, die Musik (Me.), die Reise (Mi.), der Omnibus (Me.), unendlich (N.) – das Ende, bekommen (Mi.), der Gips (Me.), das Rezept (Me.), lassen (Mi.), der Fund (N.) – finden, bunt (N.) – bunte Blätter

Differenzierungsmaterial 2 (S. 10 f.)

1. behände → Hand; sie fährt → fahren; gräulich → grau; er hupt → sie hupen; das Quäntchen → das Quantum; platzieren → Platz; der Stängel → Stange; der Staub → staubig; gefährlich → Gefahr; stündlich → Stunde; sie ging → sie gingen

2. aufwendig → aufwenden; aufwändig → der Aufwand; Schenke → ausschenken, Schänke → der Ausschank

3. grau, genau; Ski fahren, Walzer tanzen; weglaufen, weggehen; totfahren, totärgern; todelend, todernst; beim Backen, zum Basteln

4. Krepppapier – Krepp-Papier; Teeei – Tee-Ei; Schifffahrt – Schiff-Fahrt; Seeelefant – See-Elefant

5. • die Kohle, die Sahne, er kam, sie sah, der Vater
   • harken, Warze, geizig, siezen, stolz
   • sausen, brausen, Wiesel, Sonne, Reise
   • mäßig (weil: das Maß), lässig (weil: lassen), er fährt (weil: fahren), säen (weil: Saat), sie wären (weil: waren)

6. des Montags, beim Essen, wenig Neues, ein schnelles Pferd, ein spannendes Buch zum Lesen, das Rufen und Singen, des Nachmittags, viel Lesenswertes, eines Abends, das Neueste vom Tage, alles Gute, mit herzlichen Wünschen, wenig Sehenswertes

Differenzierungsmaterial 3 (S. 12 f.)

1. **d/t:** Jugend, Ordnung oder Widmung, während; **b/p:** obgleich, Knirps/Rezept, September
   g/k: Angst, Tabak, Musik

2. Globetrotter, Hausherr, Gesund, Rechtschreibung

3. Palindrome: nun, Ehe, stets, Uhu, Retter, Reittier, Neffen

4. die Maus, der Esel, der Bison, der Marder, die Katze, das Kamel

5. **a)** überhaupt, Liebling, Bildern, Schnurrbärte, gedankenvoll, rasiert
   b) Arzt, Tag, Wasser, probiert, lang
   c) Bären, reißt, holt, Raubtier
   d) Autofahrer, Verkehrskontrolle, mal, freundlich

Wissenscheck (S. 14 f.)

1. richtig sind: 2., 4., 5., 6.
2. die Tonne, das Kissen, der Kahn, leise, laufen, der Ton, die Kanne, besser
3. **d oder t:** radeln, raten, die Gardine, sie taten es, rodeln; **b oder p:** der Räuber, die Raupe, die Laube, sie hupen; **g oder k:** sie lügen; die Luke, sie sagen, harken, die Sage
4. die Mine – die Miene; er singt – er sinkt; die Welle – die Wälle
5. Reihenfolge: Nomen oder Substantiv, Artikel, Pronomen, Verb, Konjunktion, Präposition
6. Zu streichen sind: **wäh**rend, **Pf**erd, **Vieh**, Mikrofon
7. faul, der Glaube, das Ende, er hatte, halten, liegen
8. spitzen, ritzen; Auto fahren, Tee trinken; wegfahren, ankommen
9. Keine Nomensignale/Nomenbegleiter bzw. Substantivsignale sind: Verb, Konjunktion

© Schöningh 978-3-14-025131-0

Übungsdiktate sind vorbereitete Diktate: Die Diktattexte werden vor dem Diktieren gelesen und bearbeitet. Ziel ist das Einprägen von Wortbildern; beim Schreiben sollten deshalb möglichst wenig Fehler gemacht werden, damit sich die richtige Schreibweise im Langzeitgedächtnis einprägt. Für das Bearbeiten und Üben des Diktattextes werden die Techniken und Methoden benutzt, die dir bekannt sind. Es geht vor allem wieder um **Mitsprechwörter, Nachdenkwörter und Merkwörter**:

- **Mitsprechen:** Wörter halblaut mitsprechen, um die richtige Schreibweise herauszuhören, und die Silbenbögen zeichnen: kommen, fressen, holen.
- **Nachdenken:** Die Schreibweise erklären, verlängern und ableiten, um die Schreibweise hörbar zu machen (Bräutigam → Braut), sowie Regeln und grammatisches Wissen anwenden (Gar nicht wird gar nicht zusammengeschrieben./Nomen werden großgeschrieben.).
- **Merken/Einprägen:** Merkwörter einprägen durch genaues Lesen, Schreiben, Buchstabieren.

Die Mustangs

Die typische Lebensweise der Prärieindianer **prä|g|te** sich erst nach der Ankunft der Weißen im 16. Jahrhundert aus. Als die Spanier Amerika eroberten, brachten sie ihre Pferde mit. Zahlreiche Tiere entliefen in die **Wil|d|nis** und vermehrten sich dort. Die Indianer hielten die Pferde **anfan|g|s** für heilig. Sie nannten sie „Büffelhunde", weil sie **glau|b|ten**, die Pferde seien große Hunde. Doch die Indianer lernten schnell. Sie fingen die wilden Mustangs ein, ritten sie zu und nutzten sie für die **Ja|g|d**. Das Wort Mustang kommt aus dem Spanischen und **hei|ß|t** „verwildert". Zweihundert Jahre später hatten sich die meisten Prärieindianer bereits auf Pferde umgestellt. Sie züchteten eigene Herden und entwickelten ihre meisterhaften Reitkünste.

1. In den markierten Wörtern des Textes ist *ein* Buchstabe besonders gekennzeichnet. Erkläre die Schreibweise durch eine andere Wortform; mache dadurch die Schreibweise hörbar.

    prä|g|te → *prägen (die Form des Infinitivs macht deutlich, dass das Wort mit g geschrieben wird),*

    _____

    _____

    _____

    _____

    _____

2. Schreibe die Mitsprechwörter und Merkwörter der Wörterschlangen in der richtigen Form auf.

SICHNACHIMALSDIETIEREENTLIEFENHIELTENWEILGROẞEHUNDEDOCHWILDEN

a) Mitsprechwörter: _____

    _____

TYPISCHJAHRHUNDERTSPÄTERDIEMEISTENBEREITS

b) Merkwörter: _____

    _____

Übungsdiktate vorbereiten

Die Indianer und die Büffel

Wenn wir von Indianern hören, denken die <u>meisten</u> vor allem an die Indianer, die in den Gebieten der riesigen Ebenen, den Prärien, le[b]ten. In dem weiten Gra[s]lan[d] gab es <u>Antilopen</u>, Rehe, Elche, <u>Bären</u>, Wölfe, <u>Kojoten</u> und <u>Kaninchen</u>. Das für die Indianer **wichti[g]ste** Tier dieser **Lan[d]schaft** war jedoch der Büffel. Er gehörte zu dem Lebenswichtigsten <u>überhaupt</u>. Für **das [F]ertigen** der Zelte, der **Kleidun[g]** und der <u>Mokassins</u> benötigten die Indianer die Haut des Büffels. Büffelfleisch war neben **wil[d]** wachsenden Beeren und Wurzeln die **wichtigste** Nahrung. Die Indianer waren ein Naturvolk. Sie empfanden sich als Teil der Natur und gingen <u>deshalb</u> **verantwortli[ch]** mit ihr um. Aus den Knochen der Büffel schnitzten die Indianer **Werkzeu[g]**, aus den Sehnen stellten sie Seile her und den Büffelmist verwendeten sie **zum [B]rennen**. In riesigen Herden zogen die Büffel einst durch die Prärie und die Indianer **fol[g]ten** ihren Wanderungen. **Das [J]agen** der Büffel geschah vom Pferderücken aus. Die Indianer erlegten aber nur so viele Büffel, wie sie gerade verwerten konnten. So war der **Bestan[d]** niemals **gef[ä]hrdet** und die Indianer hatten nie ernsthafte Nahrungssorgen. Das wurde erst anders, als **die [W]eißen** ins Land kamen.

1. Schreibe aus dem Text noch zehn nicht markierte Mitsprechwörter auf. Diese kannst du genau so aufschreiben, wie sie gesprochen werden.

   wenn, wir, hören, _____

   _____

2. Die fett gedruckten Wörter enthalten einen markierten Buchstaben, dessen Schreibweise man so nicht heraushören kann. Erkläre die Schreibweise dieser Nachdenkwörter durch Verlängern, Ableiten oder eine grammatische Regel.

   le[b]ten → *leben*; das [F]ertigen → *Großschreibung eines Verbs: Nomensignal das;*

   _____

   _____

   _____

   _____

3. Schreibe sechs der fett gedruckten Wörter in die passenden Buchstabenbilder.

4. Die unterstrichenen Wörter sind Merkwörter. Du musst sie dir fest einprägen, zum Beispiel kannst du Buchstabenbilder in dein Heft zeichnen.

Modul 2: Übungsdiktate vorbereiten

■ Übungsdiktate vorbereiten

Die **Indianer** Brasiliens in heutiger Zeit

Rodung und Ausbeutung der Regenwälder gehen auch heute noch in einem bestürzenden Tempo vor sich. Noch gegen Ende des letzten Jahrhunderts entdeckte **man** in den **Urwäldern** Brasiliens kleine, bis dahin unentdeckte Stammesgruppen von Naturvölkern.

Die Begegnung mit der **Zivilisation** verlief für diese Menschen noch **ähnlich** verhängnisvoll wie in vergangenen Zeiten. Straßenbau, Ölbohrungen und Rodungen brachten Weiße ins Land. Für viele Indianer wirkten sich die „Segnungen" der Zivilisation verhängnisvoll aus, was zum Teil auch noch für die heutige Zeit gilt. Wer in die **Stadt** zieht, wird in kurzer Zeit den heimatlichen Lebensbedingungen im **Tropenwald** entfremdet und lebt oft zwischen zwei Welten. Das herabsetzende Wort *Indios* wird in heutiger Zeit durch das Wort *Indigenas*, das heißt **Ureinwohner**, ersetzt.

Viele Menschen setzen sich für die Rettung bedrohter Völker ein. Im Kolumbusjahr 1992 überquerten der Abenteurer und Menschenrechtler Rüdiger Nehberg und seine Begleiterin auf einem Bambusfloß den Ozean, um auf die katastrophale Situation von Indianern im brasilianischen Regenwald aufmerksam zu machen.

1. In der folgenden Wörterschlange sind Mitsprechwörter aus dem Text enthalten, deren Schreibung man durch genaues Mitsprechen und Hinhören feststellen kann. Schreibe diese Wörter auf, kennzeichne die zwei- und mehrsilbigen Wörter durch Silbenbögen.

DIEAUCHHEUTEINEINEMSICHDENKLEINENBISDAHINSTAMMESGRUPPENVONZEITENNOCHWEROFTZWISCHENZWEI

_____

_____

2. Schreibe zu den folgenden, im Text vorkommenden Wörtern ein verwandtes Wort auf. Markiere jeweils den gleich geschriebenen Buchstaben bzw. die Buchstabenfolge.

heutige → heute_____ , bestürzend → _____ ,

die Rodung → _____ , die Ausbeutung → _____ ,

entdeckte → _____ , die Urwälder → _____ ,

die Naturvölker → _____ , verhängnisvoll → _____ ,

Stadt → _____ , herabsetzend → _____ ,

überquerten → _____ , der Abenteurer → _____ ,

katastrophal → _____ , aufmerksam → _____

3. Im Text oben sind einige Merkwörter markiert. Ordne sie den folgenden Buchstabenbildern zu.

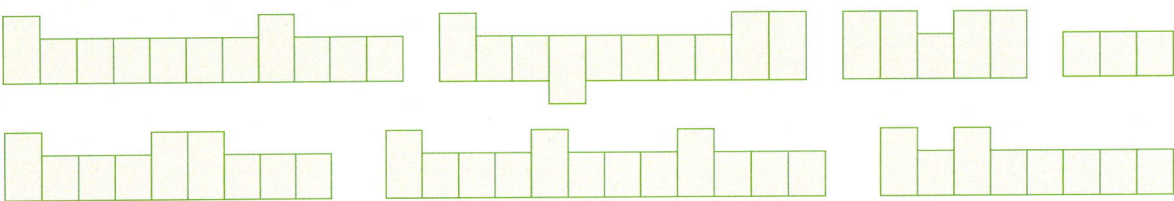

Kurzer Wissenscheck

Übungsdiktate vorbereiten

1. Ich weiß, warum es sinnvoll ist, Übungsdiktate vorzubereiten.

Kreuze die richtigen Aussagen an.

☐ 1. Ich befasse mich mit neuen Inhalten.

☐ 2. Ich übe intensiv die Schreibweise einzelner Wörter.

☐ 3. Ich erhalte methodisches Wissen über Mitsprechwörter, Nachdenkwörter und Merkwörter. Dieses Wissen kann ich später selbstständig anwenden.

☐ 4. Ich wiederhole und vertiefe meine Kenntnisse in der Rechtschreibung.

☐ 5. Ich übe kritisches Lesen.

☐ 6. Ich lerne, die Schreibweise von Wörtern zu erklären und mich bewusster mit Rechtschreibproblemen zu befassen.

☐ 7. Ich mache beim Aufschreiben des Diktats möglichst wenig Fehler und präge mir so die richtige Schreibweise ein.

2. Ich kann selbstständig mit einem Übungsdiktat arbeiten.

Die Indianerinnen

Aus den Berichten mancher **Europäer** entsteht der Eindruck, die Indianerfrauen seien unterdrückte Menschen gewesen, die für niedrige, zweitrangige Arbeiten zust[ä]ndig gewesen seien. Diese Einschätzun[g] ist kurzsichtig. Bei den Indianerinnen erga[b] sich die **übliche** Arbeitsteilun[g] zwischen Männern und Frauen aus den Lebensumst[ä]nden der Indianer. Während der Mann Familie und Stamm verteidigen mu[ss]te und durch die **Jagd** Nahrung beschaffte, bereiteten die Frauen die Speisen zu, verarbeiteten die Tierh[äu]te, stellten Gegenstände für den tä[g]lichen Gebrauch her und fertigten aus Tierhäuten und Fellen Kleidung. Diese T[ä]tigkeiten der Frauen wurden bei den Indianern hoch **eingeschätzt**. Auf ihre **spätere** Aufgabe als Frau wurden die Mädchen schon in frühem Alter vorbereitet, **genauso** wie die Jungen auf ihre späteren Aufgaben als M[ä]nner.

a) Im Text sind Buchstaben und Buchstabenverbindungen markiert. Erkläre die Schreibweise durch Verlängern oder Ableiten mithilfe einer anderen Wortform oder eines verwandten Wortes.

zust[ä]ndig → *der Zust[a]nd,* _____

_____

_____

b) In dem Text sind Merkwörter fett gedruckt. Diese Wörter muss man sich gut einprägen. Schreibe sie in die passenden Buchstabenbilder.

© Schöningh 978-3-14-025131-0

Lösungen

Übungsdiktate vorbereiten

Basismaterial (S. 18)

1. Wildnis → wilde; anfangs → anfangen; glaubten → glauben; Jagd → jagen; heißt → heißen
2. a) sich, nach, im, als, die, Tiere, entliefen, hielten, weil, große, Hunde, doch, wilden
   b) typisch, Jahrhundert, später, die meisten, bereits

Differenzierungsmaterial 1 (S. 19)

1. denken, an, in, den, Gebieten, der, riesigen, Ebenen, weiten
2. Grasland → die Gräser, die Länder; wichtigste → wichtiger; Landschaft → die Länder; das Fertigen → Nominalisierung eines Verbs, Nomensignal: Artikel *das*; Kleidung → die Verkleidungen; wild → wilde; verantwortlich → die Verantwortlichen; Werkzeug → die Werkzeuge; zum Brennen → Nominalisierung eines Verbs, Nomensignal: Präposition *zum* mit verstecktem Artikel (zu dem); folgten → folgen; das Jagen → Nominalisierung eines Verbs, Nomensignal: Artikel *das*; Bestand → die Bestände, gefährdet → die Gefahr, die Weißen → Nominalisierung eines Adjektivs; Nomensignal: Artikel *die*
3. wichtigste, Landschaft, wild, Kleidung, Werkzeug, Grasland

Differenzierungsmaterial 2 (S. 20)

1. die, auch, heute, in, einem, sich, den, kleinen, bis, dahin, Stammesgruppen, von, Zeiten, noch wer, oft, zwischen, zwei
2. bestürzend → stürzen; Rodung→ die Brandrodung; die Ausbeutung→ ausbeuten; entdeckte → die Entdeckung; die Urwälder → die Urmenschen; die Naturvölker → das Volk; verhängnisvoll → das Verhängnis; die Stadt → städtisch; herabsetzend → herabschauen; überquerten → die Überquerung; der Abenteurer → abenteuerlich; katastrophal → die Katastrophe; aufmerksam → die Aufmerksamkeit
3. Ureinwohner, Tropenwald, Stadt, man, Urwäldern, Zivilisation, Indianer

Kurzer Wissenscheck (S. 21)

1. richtig sind: 2., 3., 4., 6., 7.
2. a) Einschätzung → die Einschätzungen; ergab → ergeben; Arbeitsteilung → die Arbeitsteilungen; Lebensumständen → der Lebensumstand; musste → müssen; Tierhäute → die Tierhaut; täglichen → der Tag; Tätigkeiten → die Tat; Männer → der Mann
   b) übliche, Jagd, spätere, Europäer, genauso, eingeschätzt

Modul 3: s-Laute

s-Laute können **unterschiedlich ausgesprochen** werden:
* als weiches, gesummtes (stimmhaftes) s: le[s]en, rei[s]en, der E[s]el;
* als scharfes, gezischtes (stimmloses) s: der Pa[ss], er lie[s]t, flei[ß]ig, das Hau[s].

Wörter mit einem s-Laut sind also oft Mitsprechwörter.

Hilfen für die Schreibung:

1. Das weiche, gesummte s wird immer mit einfachem s geschrieben: lei[s]e, die Rei[s]e.
2. Ein gezischt ausgesprochener s-Laut wird mit einfachem s geschrieben, wenn in verwandten Wörtern oder anderen Wortformen ein gesummtes s zu hören ist: das Gla[s] → die Glä[s]er, er spei[s]te → spei[s]en, bö[s]artig → bö[s]e.
3. Ein gezischt ausgesprochener s-Laut wird mit ss geschrieben, wenn ein kurzer Vokal vorausgeht und Punkt 2 nicht zutrifft: die Ta[ss]e, fre[ss]en, die Kü[ss]e.
4. Ein gezischt ausgesprochener s-Laut wird mit ß geschrieben, wenn ein langer Vokal oder Doppellaut vorausgeht und Punkt 2 nicht zutrifft: hei[ß]en, Spa[ß], grü[ß]en, flie[ß]en.
5. Man schreibt s bei den Lautverbindungen st, sp, sk: ha[st]ig, der [Sp]eck, die Ma[sk]e.
6. Einige Merkwörter mit gezischt ausgesprochenem s musst du dir merken: da**s** (Buch), e**s**, al**s**, bi**s**, fall**s**, herau**s**, lo**s**, link**s**, recht**s**, abend**s**, meisten**s**, bereit**s**.
7. Die Nachsilben -nis, -is, -os,- us, -as werden immer mit s geschrieben: das Ergeb[nis], der Kürb[is], der Albatr[os], der Glob[us], der Atl[as].
8. Die Vorsilbe Miss-/miss- wird immer mit ss geschrieben: das [Miss]geschick, [miss]trauisch.

1. Setze jeweils in einer Reihe s, ss oder ß ein. Gib im Kästchen die Nummer der Rechtschreibhilfe an.

   1. ☐ er ra☐t, die ☐portschau, gün☐tig, das ☐piel, ha☐tig

   2. ☐ das Gla☐, er la☐, die Mau☐, das Hau☐

   3. ☐ fre☐en, die Kla☐e, der Schlü☐el, me☐en, die Flü☐e

   4. ☐ flei☐ig, gro☐, die Grü☐e, drau☐en, das Ma☐, er lie☐

   5. ☐ die Mei☐e, rei☐en, das Wie☐el, sie ra☐en, die Mäu☐e

   6. ☐ das Verständni☐, der Autobu☐, der Atla☐, das Begräbni☐

   7. ☐ mi☐verstehen, das Mi☐behagen, mi☐trauisch

2. Setze jeweils ein: s, ss oder ß. Schreibe die Nummern der Rechtschreibhilfen in das Kästchen.

   Wie man Konflikte mit Mitschülern entspannt oder verstärkt:

   1. [1] ☐ eigene Entglei☐ungen vermeiden oder ein☐ehen

   2. ☐ ☐ sich selb☐t nicht so ern☐t nehmen

   3. ☐ ☐ nicht sofort auf Entglei☐ungen anderer oder aggre☐ive Reden anderer reagieren

   4. ☐ ☐ Gra☐ über die Sache wachsen la☐en

   5. ☐ ☐ aggre☐iv werden oder nicht mehr mit den anderen ☐prechen

   6. ☐ ☐ sinnvolle Kompromi☐e schlie☐en

   7. ☐ ☐ den anderen die ge☐amte Schuld zuwei☐en

   8. ☐ ☐ eine pa☐ende Gelegenheit zu wirk☐amer Rache abwarten

   9. ☐ ☐ sich in die ☐ituation des anderen ver☐etzen

3. Hier geht es um Mitsprechwörter: Sprich halblaut mit, setze s oder ß ein und ordne in die Tabelle ein.

le☐en, die Ro☐e, der Spa☐, die Fü☐e, die Sü☐igkeiten, die Blu☐e, verrei☐en, der E☐el, der Blumenstrau☐, die Spielwie☐e, die Va☐e, die Gru☐karte

weich, gesummt gesprochen: s **scharf, gezischt gesprochen: ß (nach langem Vokal)**

_____ _____

_____ _____

_____ _____

4. Bei manchen Wortformen wird aus ss ein ß. Setze ein und denke daran: bei gezischt ausgesprochenem [s] wird nach kurzem Vokal ss und nach langem Vokal oder Doppellaut ß geschrieben.

Das Garagentor kann man verschlie☐en. Es ist dann verschlo☐en.

Fußballtore kann man schie☐en. Das Tor wird gescho☐en.

Ferien kann man genie☐en. Viele haben sie schon geno☐en.

Tränen kann man mal vergie☐en. Mancher hat sie schon vergo☐en.

Blumen muss man öfter gie☐en. Einige wurden nicht gego☐en.

Manche Hunde können bei☐en. Bello hat noch nicht gebi☐en.

Alte Fäden können rei☐en. Alle sind noch nicht geri☐en.

5. Setze in dem folgenden Text richtig in die Lücken ein: s, ss, ß.

Der Buckelwal

Der Buckelwal verbringt den grö☐ten Teil des Jahres in den arktischen Meeren. Die☐e sind die Fre☐gründe des Buckelwals, von dem ein ausgewachsenes Exemplar so schwer ist wie fünf Elefanten. Bekannt sind die Tiere vor allem aufgrund ihres Walge☐angs. Einmal im Jahr, wenn sich im Winter die Ei☐grenze verschiebt, wandern die rie☐igen ☐äuger auf immer wieder gleicher Route entlang der nordamerikanischen Ostkü☐te zur Fortpflanzung in die warme Karibik. Dort bringen die weiblichen Meeres☐äuger schlie☐lich ihre Kälber zur Welt. Der unbeirrbare In☐tinkt der Buckelwale und ihre Wanderschaft nach exaktem Fahrplan wurde in früheren Zeiten vielen der gro☐en Meeres☐äuger zum Verhängni☐, weil ☐ie inten☐iv bejagt wurden. ☐eit 1966 steht der Buckelwal weltweit unter Artenschutz.

© Schöningh 978-3-14-025131-0

s-Laute

1. Setze ein: s, ss, ß. Schreibe in die vorderen Kästchen die Nummer der Rechtschreibhilfe auf S. 23.

Sprichwörter aus anderen Ländern

◯ Wer le☐en und schreiben kann, hat vier Augen.

◯ Man wirft ☐eine alten Schuhe nicht weg, bevor man neue hat.

◯ Wer hinter mehreren Ha☐en herläuft, fängt keinen.

◯◯ Während die Wei☐en nachgrübeln, erobern die Dummen die Fe☐tung.

◯◯ Wer barfu☐ geht, darf keine Dornen ☐äen.

◯◯ Niemand kann auf einen Baum ☐teigen, der keine Ä☐te hat.

◯◯ Je kleiner die Eidechse, um☐o grö☐er ist ihre Hoffnung, ein Krokodil zu werden.

◯◯ Leere Fä☐er dröhnen lauter al☐ gefüllte.

2. In manchen Wörtern ist ein scharfes, gezischtes s zu hören, dennoch wird es mit einfachem s geschrieben. Erkläre die Schreibung der folgenden Nachdenkwörter, indem du eine andere Wortform oder ein verwandtes Wort aufschreibst, mit dem du die Schreibweise hörbar machst.

das Glä☐chen → *die Glä☐er*, er lö☐te → _____, der Ei☐bär → _____,

bö☐willig→ _____, sie ra☐t _____, das Prei☐geld→ _____,

die Wei☐heit → _____, das Bla☐instrument → _____,

die Krei☐meisterschaft → _____

3. Auf welche Nummer der Rechtschreibhilfen (S. 23) bezieht sich die Übung 2? Gib eine knappe Erklärung an.

_____

_____

4. Schreibe so viele Wörter mit ss und ß auf wie möglich.

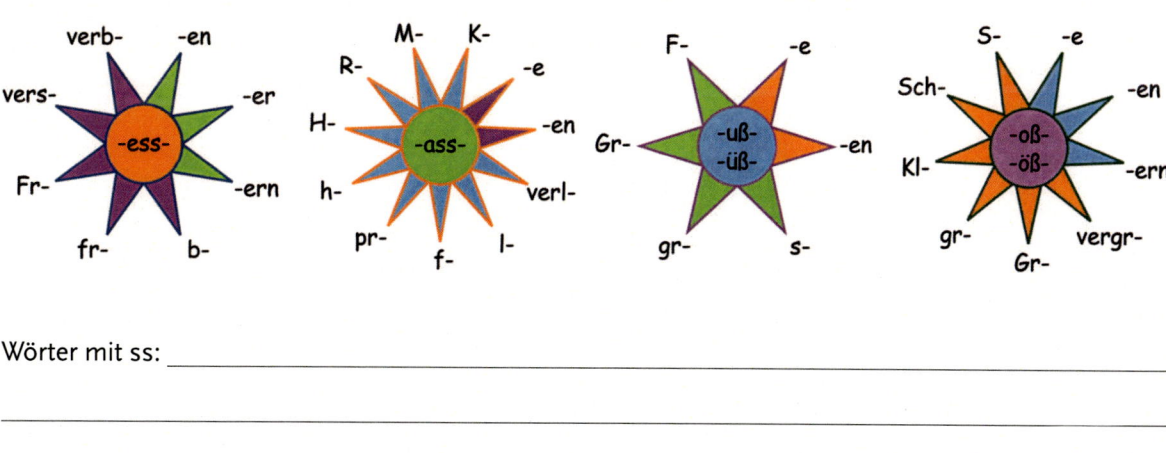

Wörter mit ss: _____

_____

Wörter mit ß: _____

_____

5. Vervollständige die Regeln:

Man schreibt ss, wenn bei gezischt ausgesprochenem s-Laut ein _____ Vokal vorausgeht.

Man schreibt ß, wenn bei gezischt ausgesprochenem s-Laut ein _____ Vokal/Doppellaut vorausgeht.

6. Unterstreiche im folgenden Text alle Wörter mit einem gesummt gesprochenen s-Laut.
Sprich den Text dazu halblaut mit.

Lisa saß auf dem Rasen und las. „Hallo, Süße!", sagte Hansi, als er sie sah. Und leise säuselte er noch: „Was hältst du von einem Eis, Lisa?" „Ich bin weder deine Süße noch deine Saure, aber ansonsten passt mir das sehr gut", meinte Lisa, „Eis essen ist mir im Augenblick ebenso lieb wie Lesen, die Sonne ist mir auch schon ein bisschen zu heiß." „Na gut", murmelte Hansi, „wenn das so ist, dann bekommst du eben ein süßes Eis mit saurer Sahne."

7. In Wortfamilien oder in anderen Wortformen ändert sich bei Wörtern mit einem s-Laut manchmal die Länge der Vokale; dann gilt auch eine andere Regel bei der Schreibweise.
Suche mindestens drei Beispiele mit ss und ß. Kennzeichne jeweils den vorausgehenden langen Vokal/ Doppellaut durch Unterstreichen und den kurzen Vokal durch einen Punkt.

gießen – *der Guss, er hat begossen, das Gusseisen* _____

schießen – _____

fließen – _____

lassen – _____

fressen – _____

essen – _____

8. Setze richtig ein: s, ss, ß. Beachte die Hilfen auf Seite 23.

Walfang

Schon vor 7 000 Jahren wurde auf Wale Jagd gemacht. Die☐ können Fel☐zeichnungen und Kno-chenfunde au☐ Korea belegen, die von ru☐ischen und amerikanischen Archäologen entdeckt und au☐gewertet wurden. Der Tran des Wals war in früheren Zeiten ein wichtiger Grund☐toff für kün☐tliche Beleuchtung. Au☐erdem wurden au☐ ihm ☐eifen, ☐alben, Farben, Spei☐efette und Schuhpflegemittel produziert. Anfang☐ jagte man den Wal mit kräftigen kleinen Ruderbooten, die sech☐ bis acht Mann Be☐atzung hatten. Man erlegte ihn mei☐tens mit Handharpunen und Lanzen. Der erlegte Wal wurde läng☐seits des Walfangschiffes geschleppt und dort abge☐peckt. Alle☐ Übrige überlie☐ man den Möwen und Raubfischen. Walfang wird heute nur noch von wenigen Ländern inten☐iv betrieben und gilt international als höch☐t um☐tritten.

◼ s-Laute

1. Ordne die Wörter einer Wortfamilie mit jeweils drei Wörtern richtig zu: Der gezischt ausgesprochene s-Laut wird einmal mit ß nach langem Vokal geschrieben und mal mit ss nach kurzem Vokal. Kennzeichne den langen Vokal durch einen Strich, den kurzen Vokal durch einen Punkt.

> ~~zerbeißen~~, der Riss, genießen, das Floß, sie beschlossen, der Genuss, fließen, der Genießer, reißen, er zerriss, schießen, ~~der Biss~~, schließen, der Beschluss, der Schlüssel, der Schuss, er schloss, die Schießübung, zerfließen, beschließen, ~~bissig~~

zerbeißen, der Biss, bissig, _____

_____

_____

2. Ergänze die beiden hier infrage stehenden Rechtschreibhilfen für die Schreibung des s-Lautes.

- Wird der vorausgehende Vokal bei einem gezischt ausgesprochenen s-Laut _____ ausgesprochen, so steht ss.

- Wird der vorausgehende Vokal bei einem gezischt ausgesprochenen s-Laut _____ ausgesprochen, so steht _____ .

3. Manche Wörter mit s, ss, ß werden gleich ausgesprochen, aber anders geschrieben. Dann musst du die Bedeutung beachten. Gib in der Klammer jeweils die Bedeutung an durch ein Wort, eine Wortgruppe oder einen kurzen Satz.

- er weist   (auf etwas hinweisen) _____

  du weißt   (Du weißt es nicht.) _____

- sie reist   (_____)

  sie reißt   (_____)

- er ließ   (_____)

  lies!   (_____)

- du hast   (_____)

  du hasst   (_____)

- der Biss   (_____)

  bis   (_____)

4. Die Endung -los wird immer mit einfachem s geschrieben. Erkläre die Schreibung wie im Beispiel; suche ein passendes Nomen/Substantiv, um die Schreibweise hörbar zu machen.

grundlos –   ein grundloses Gebrüll _____

endlos –   _____

wirkungslos –   _____

ergebnislos –   _____

haltlos –   _____

gesetzlos –   _____

s-Laute

1. Die Vorsilbe Miss-/miss- wird immer mit ss geschrieben. Ordne die folgenden Wörter in der richtigen Schreibweise in die Tabelle ein. Setze vor die Nomen/Substantive jeweils den bestimmten Artikel.

MISSVERSTÄNDNIS, MISSGELAUNT, MISSVERSTEHEN, MISSERNTE, MISSBILDUNG, MISSVER-STÄNDLICH, MISSTRAUEN, MISSTRAUISCH, MISSFALLEN, MISSGEBILDET, MISSBRAUCH, MISS-GEBURT, MISSBRÄUCHLICH, MISSHANDLUNG, MISSHANDELN, MISSACHTEN, MISSLUNGEN

Nomen/Substantiv	Verb	Adjektiv
_____	_____	_____
_____	_____	_____
_____	_____	_____

2. Die Buchstaben z und s werden manchmal verwechselt, weil sie sich gleich oder ähnlich anhören. Erkläre die Schreibung durch Verlängern, sodass du sie heraushörst.

ganz – *ein ganzes Stück Kuchen* _____

die Gans – _____

der Tanz – _____

der Kranz – _____

das Los – _____

das Floß – _____

der Fels – _____

der Pelz – _____

der Zins – _____

der Kurs – _____

kurz – _____

3. Bilde möglichst viele Wörter mit st, sk und sp. Ordne die Wörter in der üblichen Schreibung in die Tabelle ein. Setze vor die Nomen/Substantive jeweils den Artikel.

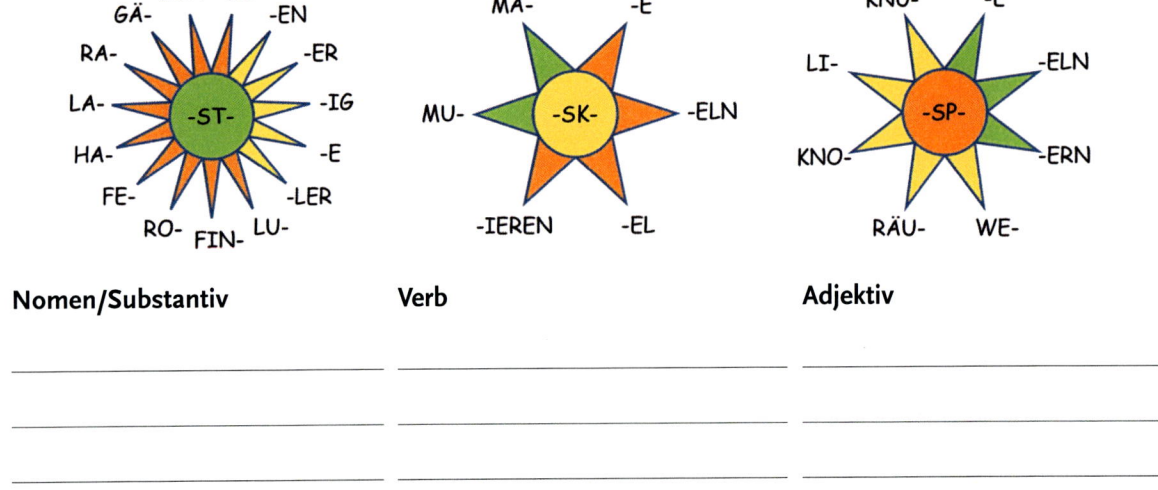

Nomen/Substantiv	Verb	Adjektiv
_____	_____	_____
_____	_____	_____
_____	_____	_____
_____	_____	_____

© Schöningh 978-3-14-025131-0

4. Nomen/Substantive mit den Endungen -nis, -is, -as, -us, -os schreibt man im Singular immer mit s, im Plural in der Regel mit ss. Bringe den Silbensalat in die richtige Reihenfolge und schreibe jeweils das Nomen mit seinem bestimmten Artikel im Singular und Plural auf.

Nomen	Singular	Plural
gebErnis	das Ergebnis	die Ergebnisse
heimnisGe		
nisWag		
bisKür		
busGlo		
baAltros		
lasAt		
toAubus		
nisZeug		
tisIl		

5. Setze s, ss, ß richtig ein. Beachte die Rechtschreibhilfen auf S. 23.

Das Ortungs☐ystem von Walen

Delfine und andere Wale haben nicht um☐onst die er☐taunlich☐ten Gehirne.

Denn selb☐tverständlich mü☐en die zahllo☐en Informationen, die da☐ Ortungs☐ystem

liefert, im Gehirn blitzschnell in ein pla☐tisches Bild umge☐etzt werden. Und weil diese Verarbei-

tung ☐tets im Gehörzentrum vor☐ich geht, wundert e☐ de☐halb wohl niemanden, dass

die☐es akustische Zentrum beim Delfin fa☐t zehnmal grö☐er ist als beim Menschen.

Wenn man die☐es Organ mit einem Computer für die Krieg☐führung vergleicht, dann mü☐te

man zum Beispiel ein halbes U-Boot mit Rechnern zubauen. Die☐ zeigt, wie weit Computer ☐ich

auch heute noch von dem Wunderorgan unterscheiden, da☐ wir Gehirn nennen. Seit da☐ Radar

erfunden wurde, auf dem ☐ich ja ebenfall☐ ein Echo abzeichnet, erscheinen un☐ die Hörbilder

von Delfinen und Fledermäu☐en nicht mehr ☐o fremdartig.

6. Setze richtig ein: s, ss, ß, st, sp. Als Strategie kannst du sowohl das Mitsprechen als auch das Nachdenken und Merken einsetzen.

Können Delfine Menschen retten?

An der Kü☐e von Florida badete eine Frau an einem menschenleeren ☐randabschnitt, al☐ sie

plötzlich von einem ☐arken ☐og nach unten gezogen wurde. Sie wurde für etliche ☐ekunden

ohnmächtig. Doch sie ☐ürte noch, dass sie hochgehoben und an den ☐rand gedrängt wurde. Al☐

sie wieder zu Kräften kam, ver☐uchte sie, sich aufzurichten, um ihrem Leben☐retter zu danken. Sie

☐ah aber nur einige Delfine, die sich im Wa☐er bewegten. Aufgrund einer angeborenen Verhaltens-

wei☐e sind Delfine bestrebt, kranke Artgeno☐en mit dem Atemloch über Wa☐er zu halten. Die

wie leblo☐ im Wa☐er treibende Frau hatte dieses In☐inktverhalten au☐gelö☐t.

© Schöningh 978-3-14-025131-0

Kurzer Wissenscheck

s-Laute

1. Ich kenne wichtige Regeln für die Schreibung des s-Lautes.

Kreuze die richtigen Aussagen an.

- [ ] 1. Das weiche, gesummte s und das scharfe, gezischte s kann man bei deutlichem Mitsprechen gut heraushören.
- [ ] 2. Nach einem kurzen Selbstlaut wird immer s geschrieben.
- [ ] 3. Der weich oder gesummt ausgesprochene s-Laut wird immer mit s geschrieben.
- [ ] 4. Der scharfe, gezischte s-Laut wird nach langem Vokal mit ss geschrieben.
- [ ] 5. Der scharfe, gezischte s-Laut wird nach kurzem Vokal immer mit s geschrieben.
- [ ] 6. Der scharfe, gezischt ausgesprochene s-Laut wird nach langem Vokal mit ß geschrieben.
- [ ] 7. Wird der scharfe, gezischt ausgesprochene s-Laut in anderen Formen des Wortes oder in einem verwandten Wort weich und gesummt ausgesprochen, wird s geschrieben.
- [ ] 8. Es gibt eine Reihe von kurzen Merkwörtern wie bis, es, als, morgens usw., für die es keine Regel gibt. Man muss sich diese Wörter einprägen.

2. Ich kann die Schreibung des einfachen s bei bestimmten Wörtern erklären.

Erkläre die Schreibweise des s-Lautes mithilfe einer anderen Wortform oder eines verwandten Wortes, sodass du die richtige Schreibung (einfaches s) hörbar machst.

die Hauswand → *die Häuser* _____, die Preisliste → _____,

sie verspeisten → _____, erbost → _____,

das Fensterglas → _____, er verreiste → _____,

das Losverfahren → _____, das Eisenbahngleis → _____,

3. Ich kann Mitsprechwörter nach weich/gesummt und scharf/gezischt unterscheiden.

Setze s oder ß richtig ein. Zeichne die Silbenbögen.

der Ro☐enstrauch, der Wie☐enrand, die Fu☐pflege, zerflie☐en, die Sü☐igkeiten,

spa☐ig, der Le☐eraum, lei☐e, die Blumenva☐e, die Urlaubsgrü☐e

4. Ich kann die Schreibung von ss und ß unterscheiden.

Setze richtig ein: ss oder ß. Achte auf den kurzen oder langen Vokal vor dem s-Laut.

er hatte sie mi☐verstanden, er spielt das Schlo☐gespenst, sie konnte sehr spa☐ig sein,

sie mu☐te wegfahren, er war äu☐erst erfreut, sie ist eine Wa☐erratte, es war drau☐en

bitterkalt, er bestellte ihr schöne Grü☐e

Lösungen

s-Laute

Basismaterial (S. 23 f.)

1. (1) 5 st, sp, sk//(2) 2 s//(3) 3 ss//(4) 4 ß//(5) 1 s//(6) 7 -is, -us, -as//(7) 8 ss
2. (1) 1 s 1 s//(2) 5 st 5 st//(3) 1 s 3 ss//(4) 2 s 3 ss//(5) 3 ss 5 sp//(6) 3 ss 4 ß//(7) 1 s 1 s//(8) 3 ss 1 s//
   (9) 1 s 1 s
3. **weich/gesummt gesprochen (s):** lesen, die Rose, die Bluse, verreisen, der Esel, die Spielwiese, die Vase;
   scharf/gezischt gesprochen (ß): der Spaß, die Füße, die Süßigkeiten, der Blumenstrauß, die Grußkarte
4. Das Garagentor kann man verschließen. Es ist dann verschlossen.
   Fußballtore kann man schießen. Das Tor wird geschossen.
   Ferien kann man genießen. Viele haben sie schon genossen.
   Tränen kann man mal vergießen. Mancher hat sie schon vergossen.
   Blumen muss man öfter gießen. Einige wurden nicht gegossen.
   Manche Hunde können beißen. Bello hat noch nicht gebissen.
   Alte Fäden können reißen. Alle sind noch nicht gerissen.
5. Der Buckelwal
   Der Buckelwal verbringt den größten Teil des Jahres in den arktischen Meeren. Diese sind die Fress-
   gründe des Buckelwals, von dem ein ausgewachsenes Exemplar so schwer ist wie fünf Elefanten.
   Bekannt sind die Tiere vor allem aufgrund ihres Walgesangs.
   Einmal im Jahr, wenn sich im Winter die Eisgrenze verschiebt, wandern die riesigen Säuger auf immer
   wieder gleicher Route entlang der nordamerikanischen Ostküste zur Fortpflanzung in die warme
   Karibik. Dort bringen die weiblichen Meeressäuger schließlich ihre Kälber zur Welt. Der unbeirrbare
   Instinkt der Buckelwale und ihre Wanderschaft nach exaktem Fahrplan wurde in früheren Zeiten vielen
   der großen Meeressäuger zum Verhängnis, weil sie intensiv bejagt wurden. Seit 1966 steht der Buckelwal weltweit unter Artenschutz.

Differenzierungsmaterial 1 (S. 25 f.)

1. [1] lesen / [1] seine / [1] Hasen / [1] [5] Weisen, Festung / [4] [1] barfuß, säen / [5] [5] steigen, Äste /
   [1] [4] umso, größer / [3] [6] Fässer, als
2. er löste → lösen; der Eisbär → eisig; böswillig → böse; sie rast → rasen; das Preisgeld → die Preise;
   die Weisheit → weise; das Blasinstrument → blasen; die Kreismeisterschaft → die Kreise
3. Auf Nr. 2: Das s klingt scharf, gezischt; durch die Verlängerung wird das weiche s hörbar, daher Schreibung mit s.
4. **Beispiele ss:** verbessern, versessen, der Fresser, das Fressen, fressen, besser//die Kasse, die Masse, die
   Rasse, der Hass, hassen, prassen, fassen, lassen, verlassen; **Beispiele ß:** die Füße, die Grüße, grüßen,
   süß//die Soße, der Schoß, der Kloß, die Klöße, groß, die Größe, vergrößern
5. ss – kurzer Vokal//ß – langer Vokal
6. Lisa saß auf dem Rasen und las. „Hallo, Süße!", sagte Hansi, als er sie sah. Und leise säuselte er noch:
   „Was hältst du von einem Eis, Lisa?" „Ich bin weder deine Süße noch deine Saure, aber ansonsten
   passt mir das sehr gut", meinte Lisa, „Eis essen ist mir im Augenblick ebenso lieb wie Lesen, die
   Sonne ist mir auch schon ein bisschen zu heiß." „Na gut", murmelte Hansi, „wenn das so ist, dann
   bekommst du eben ein süßes Eis mit saurer Sahne."
7. schießen – der Schuss, die Schusswaffe, erschossen//fließen – der Fluss, der Flusslauf, der Neben-
   fluss//lassen – er ließ, das Verließ, er entließ//fressen – er fraß, sie fraßen, der Fraß//essen – er aß,
   wir aßen, sie aßen
8. Dies, Felszeichnungen, aus, russischen, ausgewertet, Grundstoff, künstliche, Außerdem, aus, Seifen,
   Salben, Speisefette, Anfangs, sechs, Besatzung, meistens, längsseits, abgespeckt, Alles, überließ,
   intensiv, höchst, umstritten

Differenzierungsmaterial 2 (S. 27)

1. der Riss, reißen, er zerriss//genießen, der Genuss, der Genießer//das Floß, fließen, zerfließen//sie beschlossen, der Beschluss, beschließen//schießen, der Schuss, die Schießübung//schließen, der Schlüssel, er schloss
2. kurz ausgesprochen: ss//lang ausgesprochen: ß
3. sie reist (oft durch die Welt) – sie reißt (eine Blume aus)//er ließ (ein Taxi rufen) – lies (dieses schöne Buch, bitte!)//du hast (morgen Geburtstag) – du hasst (ihn ohne jeden Grund)//der Biss (der Schlange) – bis (Montag!)
4. ein endloser Streit, eine wirkungslose Taktik, ein ergebnisloses Gespräch, ein haltloser Mensch, ein gesetzloses Verhalten

Differenzierungsmaterial 3 (S. 28 f.)

1. **Nomen:** das Missverständnis, die Missernte, die Missbildung, das Misstrauen, das Missfallen, der Missbrauch, die Missgeburt, die Misshandlung//**Verb:** missverstehen, misstrauen, missfallen, misshandeln, missachten//**Adjektiv:** missgelaunt, missverständlich, misstrauisch, missgebildet, missbräuchlich, misslungen
2. die Gans – die Gänse; der Tanz – die Tänze, der Kranz – die Kränze, das Los – die Lose, das Floß – die Flöße, der Fels – der Felsen, der Pelz – die Pelze, der Zins – die Zinsen, der Kurs – die Kurse, kurz – ein kurzer Mantel
3. Beispiele: **Nomen:** die Küste, der Künstler, die Gäste, die Lasten, die Maske, der Muskel, die Knospe, die Wespe; **Verben:** rasten, maskieren, knuspern, lispeln, sich räuspern; **Adjektive:** hastig, rostig, finster, lustig
4. das Geheimnis – die Geheimnisse; das Wagnis – die Wagnisse; der Kürbis – die Kürbisse; der Globus – die Globusse (oder Globen); der Albatros – die Albatrosse; der Atlas – die Atlasse (oder Atlanten); der Autobus – die Autobusse; das Zeugnis – die Zeugnisse; der Iltis – die Iltisse
5. Das Ortungssystem von Walen
   Delfine und andere Wale haben nicht umsonst die erstaunlichsten Gehirne.
   Denn selbstverständlich müssen die zahllosen Informationen, die das Ortungssystem liefert, im Gehirn blitzschnell in ein plastisches Bild umgesetzt werden. Und weil diese Verarbeitung stets im Gehörzentrum vor sich geht, wundert es deshalb wohl niemanden, dass dieses akustische Zentrum beim Delfin fast zehnmal größer ist als beim Menschen.
   Wenn man dieses Organ mit einem Computer für die Kriegsführung vergleicht, dann müsste man zum Beispiel ein halbes U-Boot mit Rechnern zubauen. Dies zeigt, wie weit Computer sich auch heute noch von dem Wunderorgan unterscheiden, das wir Gehirn nennen. Seit das Radar erfunden wurde, auf dem sich ja ebenfalls ein Echo abzeichnet, erscheinen uns die Hörbilder von Delfinen und Fledermäusen nicht mehr so fremdartig.
6. Küste, Strandabschnitt, als, starken, Sog, Sekunden, spürte, Strand, Als, versuchte, Lebensretter, sah, Wasser, Verhaltensweise, Artgenossen, Wasser, leblos, Wasser, Instinktverhalten, ausgelöst

Kurzer Wissenscheck (S. 30)

1. richtig sind: 1., 3., 6., 7., 8.
2. die Preisliste → die Preise; sie verspeisten → verspeisen; erbost → böse; das Fensterglas → die Gläser; er verreiste → verreisen; das Losverfahren → die Lose; das Eisenbahngleis → die Gleise
3. der Rosenstrauch, der Wiesenrand, die Fußpflege, zerfließen, die Süßigkeiten, spaßig, der Leseraum, leise, die Blumenvase, die Urlaubsgrüße
4. er hatte sie missverstanden, er spielt das Schlossgespenst, sie konnte sehr spaßig sein, sie musste wegfahren, er war äußerst erfreut, sie ist eine Wasserratte, es war draußen bitterkalt, er bestellte ihr schöne Grüße

Modul 4: das und dass

Wenn du **das** und **dass** richtig schreiben willst, benötigst du grammatische Kenntnisse zu unterschiedlichen Wortarten:

1. Das Wort **das** kann zu unterschiedlichen Wortarten gehören:
   - das – **Artikel** (Begleiter des Nomens/Substantivs: **das** neue Buch ist spannend)
   - das – **Demonstrativpronomen** (hinweisendes Fürwort). Beispiel: Er weiß **das** nicht. Ersatzprobe: Er weiß **dieses** nicht.
   - das – **Relativpronomen** (bezügliches Fürwort). Es leitet einen Relativsatz ein, d. h. einen <u>Nebensatz</u>, der durch Komma vom <u>Hauptsatz</u> getrennt wird. Beispiel:
     <u>Sie kennt das Buch</u>, **das** <u>Felix empfohlen hat</u>. Ersatzprobe:
     <u>Sie kennt das Buch</u>, **welches** <u>Felix empfohlen hat</u>.
2. Das Wort **dass** ist eine **Konjunktion** (ein Bindewort). Dieses leitet immer einen <u>Nebensatz</u> ein. Beispiel: <u>Sie rechnet damit</u>, **dass** <u>er kommt</u>.

Die Konjunktion dass ist nicht durch die Wörter *dieses* oder *welches* ersetzbar, wohl aber das Wort das. Daher kann als einfache **Faustregel** für die Schreibung gelten:
Wenn man dieses oder welches einsetzen kann, wird *das* geschrieben.

1. Kennzeichne in den folgenden Sätzen die Wortart von *das*. Mache die Ersatzprobe für das Relativpronomen (welcher, welche, welches) und das Demonstrativpronomen (dieses). Schreibe in die Klammer die Buchstaben A, D oder R für Artikel, Demonstrativpronomen oder Relativpronomen.

   - Ihm ist das (   ) egal.

   - Wo hast du das (   ) Lesezeichen gelassen, das (   ) ich dir geschenkt habe?

   - Meinst du das (   ) wirklich?

   - Kannst du mir das (   ) mal erklären?

   - Das (   ) tolle Auto, das (   ) im Schaufenster steht, zieht interessierte Blicke auf sich.

   - Er glaubt nicht an das (   ) Horoskop, das (   ) er in der Zeitung gelesen hat.

   - Die Schülerinnen planen das (   ) Projekt, über das (   ) sie gesprochen haben.

2. das oder dass? – Wende für die beiden Sätze die Faustregel an, indem du dass durch dieses oder welches ersetzt.

   Er hofft, <u>dass</u> sie ihn anhört. Er hofft, dieses sie ihn anhört. (nicht möglich, also: dass)

   Das Buch, _____ sie ihm geschenkt hat, ist spannend. _____

   _____

   Emmi glaubt nicht daran, _____ Tante Karin kommt. _____

   _____

3. Bilde jeweils ein einfaches Satzgefüge mit einem Hauptsatz/Basissatz und einem konjunktionalen Nebensatz mit der Konjunktion *dass*. Kennzeichne den <u>Haupt-</u> und <u>Nebensatz</u> durch Unterstreichen bzw. eine Wellenlinie.

Anna hofft etwas.	Jannis hat bei der Englischarbeit von Tom abgeschrieben.
Moritz meint etwas.	Luisa geht mit ihm ins Kino.
Malik behauptet.	Das Wetter wird besser.
Karo ist von etwas überzeugt.	Die Mathearbeit ist gut ausgefallen.

© Schöningh 978-3-14-025131-0

Differenzierungsmaterial 1

das und dass

1. Der Wortspeicher enthält Buchstabensalat zum Thema Tier. Schreibe alle Nomen/Substantive aus dem Wortspeicher auf, die den Artikel *das* haben; es sind neun.

> Trie, öweL, gänKuru, leEfant, Wilpfderd, elDifn, roKokdli, braZe, Pgeiapa, räB, asNornh, arWzenein-schw, amelK, iTerg, Staschweieln

_____

_____

2. Setze in den folgenden Witzen und Sprüchen *das* oder *dass* richtig ein. Wende die Faustregel (S. 33) an, wenn du unsicher bist. Setze in die Klammer die Wortart A (Artikel), D (Demonstrativpronomen), R (Relativpronomen), K (Konjunktion).

- „Herr Ober, sehen Sie, _____ (   ) in meiner Suppe ein Haar schwimmt?" –

  „_____ (   ) ist kein Haar, meine Dame, _____ (   ) ist ein Würstchen!"

- Weißt du, _____ (   ) der, der verlieren kann, schon viel gewonnen hat?

- Wusstest du schon, _____ (   ) Skilehrer eine gleitende Arbeitszeit haben?

- _____ (   ) schönste Geräusch ist die absolute Stille.

- _____ (   ) Praktische am Urlaub ist, _____ (   ) er einem nicht nur die Kraft gibt,

  _____ (   ) tägliche Einerlei wieder aufzunehmen, sondern einen auch derart Pleite macht,

  _____ (   ) einem nichts anderes übrig bleibt.

- Eine Känguru-Mutter kratzt sich nach Leibeskräften ihren Bauch. Sie ermahnt ihr Kind, _____

  (   ) fröhlich angehüpft kommt, auf folgende Weise: „Wie oft habe ich dir schon gesagt,

  _____ (   ) du deinen Zwieback nicht im Bett essen sollst!"

- Die Bio-Lehrerin macht darauf aufmerksam, _____ (   ) Störche oft auf einem Bein stehen.

  Spontan meldet sich Karo mit einer Erklärung: „Wenn Sie _____ (   ) zweite Bein auch

  noch einziehen, fallen sie auf die Schnauze."

- Ein Zahnarzt sagt zu seinem Patienten, als er _____ (   ) Behandlungszimmer betritt:

  „_____ (   ) muss ich Ihnen noch sagen: „Es lässt sich nicht vermeiden, _____

  (   ) Sie gleich den Bohrer ein bisschen spüren, also machen Sie den Mund auf und beißen Sie

  die Zähne zusammen!"

- Zwei Eier treffen sich im Eierkocher. Fragt _____ (   ) eine Ei _____ (   ) andere:

  „Findest du nicht auch, _____ (   ) es hier etwas heiß ist?"

  Erwidert _____ (   ) andere: „_____ (   ) ist noch gar nichts: Wenn du raus-

  kommst, schlagen sie dir auch noch mit einem Löffel auf den Kopf!"

- _____ (   ) wusste ich längst, _____ (   ) _____ (   ) Wort *dass* ein Binde-

  wort ist, _____ (   ) einen Nebensatz einleitet.

▪ das und dass

1. Bilde in deinem Heft jeweils einen Satz mit dem Relativpronomen *das*. Setze das Komma zwischen Hauptsatz und Nebensatz. Kennzeichne <u>Hauptsatz</u> und <u>Nebensatz</u> wie im Beispiel.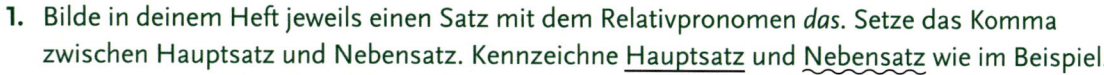

- Sie hat Moritz das Buch geliehen. Sie findet das Buch äußerst spannend.

  <u>Sie hat Moritz das Buch geliehen</u>, <u>das sie äußerst spannend findet.</u>

- Mirja findet das Gedicht prima. Ali hat es nur für sie geschrieben.
- Niemand bekommt das Tagebuch zu sehen. Es enthält Saras ganz persönliche Gedanken.
- Lili gibt Malena das Bild. Das Bild zeigt ihren Brieffreund Jim.
- Er fährt nächste Woche mit seiner Klasse ins Schullandheim. Es befindet sich auf Norderney.

2. Bilde aus den kursiv gesetzten Formulierungen Relativsätze mit *das*. Setze das Komma zwischen Hauptsatz und Nebensatz.

Das *sie so stark begeisternde Popkonzert* ist bis auf den letzten Platz ausverkauft.

<u>Das Popkonzert, das sie so stark begeistert,</u> _____

_____

Das *ihn außerordentlich interessierende Stück* wird im Theater aufgeführt. _____

_____

Das *außergewöhnlich spannende Buch* hat Hasan sofort weiterempfohlen. _____

_____

Das *bereits über mehrere Tage anhaltende Regenwetter* lässt die Fahrradtour regelrecht ins Wasser fallen.

_____

_____

3. Setze das oder dass richtig ein. Kennzeichne die Wortart in der Klammer mit den Großbuchstaben A (Artikel), D (Demonstrativpronomen), R (Relativpronomen) und K (Konjunktion).

Fairness im Sport

_____ (   ) Fairness im Sport selbstverständlich sein sollte, ist wahrscheinlich allen klar.

Dennoch kommt _____ (   ) absichtliche Foul vor, _____ (   ) zu schweren Verlet-

zungen führen kann. Es kommt auch vor, _____ (   ) Spielmacher und Leistungsträger gegne-

rischer Mannschaften durch _____ (   ) Foulspiel ausgeschaltet werden sollen. Wenn Sport-

journalisten und Sportreporter manchmal von überflüssigen Fouls sprechen, heißt _____ (   )

wohl auch, _____ (   ) es notwendige Fouls gibt. Beobachtet werden kann auch manchmal,

_____ (   ) Zuschauer _____ (   ) gelungene Foulspiel der eigenen Mannschaft

bejubeln, den Gegner aber verhöhnen. Es ist auch vorgekommen, _____ (   ) Sportler versu-

chen, _____ (   ) eigene Leistungsniveau durch Doping zu verbessern.

Kurzer Wissenscheck

das und dass

1. Ich kenne die wichtigsten grammatischen Zusammenhänge für die Schreibung von *das* und *dass*.

Kreuze die richtigen Aussagen an.

☐ 1. Man benötigt Kenntnisse über verschiedene Wortarten.

☐ 2. Das Wort *das* kann ein Artikel sein; dieser ist immer Begleiter eines Nomens/Substantivs.

☐ 3. Das Wort *das* kann ein Relativpronomen sein, das man durch *welches* ersetzen kann.

☐ 4. Das Wort *das* kann ein Demonstrativpronomen sein, das man durch *dieses* ersetzen kann.

☐ 5. Ein Relativpronomen leitet nie einen Nebensatz ein.

☐ 6. Ein Relativpronomen leitet immer einen Nebensatz ein.

☐ 7. Das Wort *dass* ist eine Konjunktion, die immer einen Nebensatz einleitet.

☐ 8. Die Konjunktion *dass* kann man im Satz durch *dieses* oder *welches* ersetzen.

2. Ich kann die Schreibung von *das* und *dass* sowie die Wortarten unterscheiden.

Setze in den folgenden Texten das und dass richtig ein. Kennzeichne in der Klammer die Wortarten: A (Artikel), D (Demonstrativpronomen), R (Relativpronomen), K (Konjunktion).

a) Gespräch in der Klasse

Timo: Denkst du daran, _____ (   ) nächste Woche _____ (   ) Klassenfest steigt?

Emmi: Klar doch, _____ (   ) weiß ich. Bis zu dem Fest, auf _____ (   ) sich auch alle anderen

vorbereiten müssen, ist es noch eine Woche hin.

Timo: Und _____ (   ) du für Speisen und Getränke zuständig bist, _____ (   ) hast du ja

sicher auch nicht vergessen.

Emmi: Auch _____ (   ) nicht, Timo!

Timo: _____ (   ) ist ja wunderbar, Emmilein!

Emmi: Was sind denn _____ (   ) für neue Töne, _____ (   ) kenne ich ja gar nicht von dir.

Timo: Daran siehst du, _____ (   ) du mich noch nicht kennst. _____ (   ) muss sich ändern.

b) Stilblüten

● Es fängt damit an, _____ (   ) am Ende der Punkt fehlt.

● Wie alt meine Tante ist, _____ (   ) weiß ich nicht genau, weil sie jahrelang 50 war.

● Man hört immer wieder, _____ (   ) die meisten Menschen dafür sind, _____ (   )

nicht so viele Straftaten begangen werden.

Lösungen

das und dass

Basismaterial (S. 33)

1.
   - Ihm ist das (D) egal.
   - Wo hast du das (A) Lesezeichen gelassen, das (R) ich dir geschenkt habe?
   - Meinst du das (D) wirklich?
   - Kannst du mir das (D) mal erklären?
   - Das (A) tolle Auto, das (R) im Schaufenster steht, zieht interessierte Blicke auf sich.
   - Er glaubt nicht an das (A) Horoskop, das (R) er in der Zeitung gelesen hat.
   - Die Schülerinnen planen das (A) Projekt, über das (R) sie gesprochen haben.

2. Das Buch, das (welches) sie ihm geschenkt hat, ist spannend. (R)
   Emmi glaubt nicht daran, dass Tante Karin kommt. Emmi glaubt nicht daran, dieses/welches Tante Karin kommt. (nicht möglich, daher Konjunktion dass)

3. Beispiel: <u>Moritz meint</u>, dass Jannis bei der Englischarbeit von Tom abgeschrieben hat.

Differenzierungsmaterial 1 (S. 34)

1. das Tier, das Känguru, das Wildpferd, das Krokodil, das Zebra, der Papagei, der Bär, das Nashorn, das Warzenschwein, das Kamel, der Tiger, das Stachelschwein

2.
   - „Herr Ober, sehen Sie, dass (K) in meiner Suppe ein Haar schwimmt?" – „Das (D) ist kein Haar, meine Dame, das (D) ist ein Würstchen!"
   - Weißt du, dass (K) der, der verlieren kann, schon viel gewonnen hat?
   - Wusstest du schon, dass (K) Skilehrer eine gleitende Arbeitszeit haben?
   - Das (A) schönste Geräusch ist die absolute Stille.
   - Das (A) Praktische am Urlaub ist, dass (K) er einem nicht nur die Kraft gibt, das (A) tägliche Einerlei wieder aufzunehmen, sondern einen auch derart Pleite macht, dass (K) einem nichts anderes übrig bleibt.
   - Eine Känguru-Mutter kratzt sich nach Leibeskräften ihren Bauch. Sie ermahnt ihr Kind, das (D) fröhlich angehüpft kommt, auf folgende Weise: „Wie oft habe ich dir schon gesagt, dass (K) du deinen Zwieback nicht im Bett essen sollst!"
   - Die Bio-Lehrerin macht darauf aufmerksam, dass (K) Störche oft auf einem Bein stehen. Spontan meldet sich Karo mit einer Erklärung: „Wenn Sie das (A) zweite Bein auch noch einziehen, fallen sie auf die Schnauze."
   - Ein Zahnarzt sagt zu seinem Patienten, als er das (A) Behandlungszimmer betritt: „Das (D) muss ich Ihnen noch sagen: „Es lässt sich nicht vermeiden, dass (K) Sie gleich den Bohrer ein bisschen spüren, also machen Sie den Mund auf und beißen Sie die Zähne zusammen!"
   - Zwei Eier treffen sich im Eierkocher. Fragt das (A) eine Ei das (A) andere: „Findest du nicht auch, dass (K) es hier etwas heiß ist?"
     Erwidert das (A) andere: „Das (D) ist noch gar nichts: Wenn du rauskommst, schlagen sie dir auch noch mit einem Löffel auf den Kopf!"
   - Das (D) wusste ich längst, dass (K) das (A) Wort *dass* ein Bindewort ist, das (R) einen Nebensatz einleitet.

Differenzierungsmaterial 2 (S. 35)

1. • Mirja findet das Gedicht prima, das Ali nur für sie geschrieben hat.
   • Niemand bekommt das Tagebuch zu sehen, das Saras ganz persönliche Gedanken enthält.
   • Lili gibt Malena das Bild, das ihren Brieffreund Jim zeigt.
   • Er fährt nächste Woche mit seiner Klasse ins Schullandheim, das sich auf Norderney befindet.

2. Das Stück, das ihn außerordentlich interessiert, wird im Theater aufgeführt.
   Das Buch, das außergewöhnlich spannend ist, hat Hasan sofort weiterempfohlen.
   Das Regenwetter, das bereits über mehre Tage anhält, lässt die Fahrradtour regelrecht ins Wasser fallen.

3. Fairness im Sport
   Dass (K) Fairness im Sport selbstverständlich sein sollte, ist wahrscheinlich allen klar. Dennoch kommt das (A) absichtliche Foul vor, das (R) zu schweren Verletzungen führen kann. Es kommt auch vor, dass (K) Spielmacher und Leistungsträger gegnerischer Mannschaften durch das (A) Foulspiel ausgeschaltet werden sollen. Wenn Sportjournalisten und Sportreporter manchmal von überflüssigen Fouls sprechen, heißt das (D) wohl auch, dass (K) es notwendige Fouls gibt. Beobachtet werden kann auch manchmal, dass (K) Zuschauer das (A) gelungene Foulspiel der eigenen Mannschaft bejubeln, den Gegner aber verhöhnen. Es ist auch vorgekommen, dass (K) Sportler versuchen, das (A) eigene Leistungsniveau durch Doping zu verbessern.

Kurzer Wissenscheck (S. 36)

1. Richtig sind: 1., 2., 3., 4., 6., 7.

2. **a)** Gespräch in der Klasse
   Timo: Denkst du daran, dass (K) nächste Woche das (A) Klassenfest steigt?
   Emmi: Klar doch, das (D) weiß ich. Bis zu dem Fest, auf das (R) sich auch alle anderen vorbereiten müssen, ist es noch eine Woche hin.
   Timo: Und dass (K) du für Speisen und Getränke zuständig bist, das (D) hast du ja sicher auch nicht vergessen.
   Emmi: Auch das (D) nicht, Timo!
   Timo: Das (D) ist ja wunderbar, Emmilein!
   Emmi: Was sind denn das (D) für neue Töne, das (D) kenne ich ja gar nicht von dir.
   Timo: Daran siehst du, dass (K) du mich noch nicht kennst. Das (D) muss sich ändern.

   b) Stilblüten
   • Es fängt damit an, dass (K) am Ende der Punkt fehlt.
   • Wie alt meine Tante ist, das (D) weiß ich nicht genau, weil sie jahrelang 50 war.
   • Man hört immer wieder, dass (K) die meisten Menschen dafür sind, dass (K) nicht so viele Straftaten begangen werden.

Modul 5: Groß- und Kleinschreibung I

Dies weißt du sicher noch aus früheren Klassen:
- Nomen/Substantive werden großgeschrieben: der Hund, die Freunde, das Vertrauen.
- Auch andere Wortarten als das Nomen werden großgeschrieben, wenn sie im Satz nominalisiert/substantiviert werden: das **L**aufen, beim **S**chreiben, jeder **Z**weite, das **F**ür und **W**ider, das **H**ier und **H**eute, im **A**llgemeinen, ohne **W**enn und **A**ber, des **N**achmittags.

Nomen-/Substantivsignale sind:
- Artikel: **eine** Lehrerin, **der** Mann, **die** Schönste, **des** Morgens
- Präpositionen, in denen ein Artikel enthalten ist: **beim** (bei dem) Kochen, **am** Schwimmen
- Pronomen: **mein** Freund, **mein** Ein und Alles
- Mengenangaben: **viel** Schönes, **wenig** Kluges
- Adjektive: ein **schnelles** Laufen, **häufiges** Fehlen

Anredepronomen in der Höflichkeitsform werden immer großgeschrieben: Ihnen, Sie, Ihr.
Für **Zeitangaben** gelten die oben gegebenen Hinweise zu Nomensignalen: **am** Montag, **des** Morgens (Adverbien wie *morgens, heute* werden kleingeschrieben). Bei doppelten Zeitangaben werden die Zeitadverbien klein- und die Nomen großgeschrieben: **h**eute **M**orgen.

... zur Wiederholung

1. Kennzeichne alle Nomen-/Substantivsignale, das heißt die Wörter, die auf Nomen oder Nominalisierungen hinweisen, durch Unterstreichen. Manchmal gibt es auch mehr als ein Nomensignal. Umkreise den ersten Buchstaben des Nomens.

EIN MANN RENNT VÖLLIG ATEMLOS ZUM BOOTSSTEG, WIRFT SEINEN KOFFER AUF DIE ZWEI METER ENTFERNTE FÄHRE UND SPRINGT HINTERHER. AN DECK SCHNAUFT ER LAUT: „GESCHAFFT!" DER KAPITÄN GUCKT SKEPTISCH UND SAGT DANN: „NICHT DER LANGSAMSTE! ABER WARUM HABEN SIE NICHT BIS ZUM ANLEGEN GEWARTET?"

DER BERÜHMTE PHYSIKER ALBERT EINSTEIN LEBTE SEHR SPARSAM. DIESE SPARSAMKEIT VERRIET AUCH SEINE KLEIDUNG. „WILLST DU DIR NICHT MAL EINEN NEUEN MANTEL KAUFEN?", FRAGTE IHN SEIN FREUND, ALS ER IHN BEIM SPAZIERGANG TRAF. DER FORSCHER LÄCHELTE UND ANTWORTETE: „WOZU DENN? HIER HABE ICH VIELE BEKANNTE, DIE WISSEN, WER ICH BIN." DER GLEICHE FREUND TRAF EINIGE ZEIT ALBERT EINSTEIN IN DER NORDAMERIKANISCHEN STADT NEW YORK WIEDER. SPONTAN MEINTE SEIN FREUND: „DU TRÄGST DAS ALTE KLEIDUNGSSTÜCK JA IMMER NOCH!" „ WARUM NICHT", ANTWORTETE EINSTEIN, „HIER WEISS JA NIEMAND, WER ICH BIN."

DIE LEHRERIN SCHAUT DIE HAUSAUFGABEN NACH. BEI TIM BLEIBT SIE STEHEN UND MEINT: „TIM, IN DEINER BESCHREIBUNG ‚UNSER NACHBAR' STEHT FAST WÖRTLICH DAS GLEICHE WIE BEI DEINER SCHWESTER." DARAUF TIM: „DAS IST DOCH KLAR, ES IST JA AUCH DER GLEICHE NACHBAR."

2. Manchmal wird auch ein Verb im Satz großgeschrieben, wenn es kein Nomensignal hat. Man kann dann aber ein Nomensignal, z. B. einen Artikel, davorsetzen.
Unterstreiche die großzuschreibenden Verben im folgenden Satz. Schreibe danach den Satz mit einem Artikel vor den Verben auf.

MANCHMAL IST REDEN SILBER, SCHWEIGEN GOLD UND DENKEN DYNAMIT.

_____

_____

© Schöningh 978-3-14-025131-0

Differenzierungsmaterial 1

■ Groß- und Kleinschreibung I

1. Setze in dem folgenden Schreiben passende Höflichkeitsformen der Anrede ein. Sie werden großgeschrieben.

Sehr geehrter Herr Wagner,

wir möchten _____ mitteilen, dass das von _____ am 2.4. bestellte

Kinderbett eingetroffen ist. Bitte setzen _____ sich mit unserer Speditionsabteilung

in Verbindung, damit wir mit _____ einen für _____ passenden

Termin für die Anlieferung vereinbaren können.

Freundliche Grüße

_____ Möbelhaus mit Herz

2. Schreibe die folgenden Zeitangaben in der richtigen Form auf.

GESTERN MORGEN, HEUTE, AM HEUTIGEN NACHMITTAG, AM DIENSTAG, AM FREITAGMOR-
GEN, MITTAGS, ÜBERMORGEN, VORGESTERN, DES MONTAGS, DES MORGENS, HEUTE MITTAG,
VORMITTAGS

_____

_____

_____

3. Unterstreiche im folgenden Text alle großzuschreibenden Wörter, beachte die Nomensignale. Schreibe
den Text in der üblichen Form auf.

BEI DER RÜCKGABE DER KLASSENARBEIT BEKLAGT SICH DER LEHRER BEI MAX: „DEINE SCHRIFT
KANN EIN NORMALER MENSCH WIRKLICH NICHT LESEN, SIE IST DAS UNMÖGLICHSTE."
DARAUF MAX: „ABER DAS IST JA GERADE DAS BESONDERE. WENN ICH DEUTLICH SCHREIBE,
BESCHWEREN SIE SICH, WIE VIELE FEHLER ICH MACHE."

_____

_____

_____

_____

4. Wird das Adjektiv groß- oder kleingeschrieben? Streiche die falsche Schreibung jeweils durch.

- Moritz hält es für wenig Sinnvoll/sinnvoll, den ganzen Tag vor dem Computer zu sitzen.
  Er sucht für seine Freizeit noch eine Sinnvolle/sinnvolle Beschäftigung.
  Mit seinem Freund Max spricht er darüber, ob sie gemeinsam etwas Sinnvolles/sinnvolles tun
  können.
- Während des Urlaubs in der Toscana sahen sie viel Schönes/schönes.
  Besonders die Schönen/schönen alten Plätze in den Städten hatten es ihnen angetan.
  Das Schönste/schönste war der Ausflug in die alte Stadt Siena.
- In der letzten Jugendzeitschrift stand wenig Spannendes/spannendes.
  Der Krimi, den er im Urlaub gelesen hat, war dagegen richtig Spannend/spannend.

Groß- und Kleinschreibung I

1. Formuliere mithilfe der Wortspeicher mindestens noch fünf bekannte Redensarten. Unterstreiche jeweils das großzuschreibende Adjektiv oder Partizip.

im, aus dem, ins, im, beim, ins, ins

trocken, trübe, voll, schwarz, dunkel, alte, rein, weit

fischen, haben, schöpfen, treffen, tappen, bleiben, kommen, kommen, suchen

im Trüben fischen,

_____

_____

2. Unterstreiche in der Redewendung jeweils das großzuschreibende Adjektiv oder Partizip. Kennzeichne das Nomensignal mit einer Wellenlinie.

Er lügt das Blaue vom Himmel herunter.
Sie will wieder mal etwas zum Besten geben.
Nachdem er verloren hat, sucht er schnell das Weite.
Alles kann sich noch zum Guten wenden.
Er geht bei diesem Spiel aufs Ganze.
Um Bescheid zu wissen, will er immer auf dem Laufenden sein.
Er ist sich noch nicht darüber im Klaren, was er machen soll.
Hier müsste sich etwas ändern, denn es liegt noch viel im Argen.

3. Kombiniere die Adjektive im ersten Wortspeicher mit passenden Begleitern/Nomensignalen aus dem zweiten Wortspeicher und nominalisiere sie dadurch. Da kannst dabei auch einzelne Adjektive steigern.

Adjektive: schön, nebensächlich, dumm, wesentlich, erschütternd, neu, ungeschickt, klug, allgemein

Begleiter/Nomensignal: der, ein, allerlei, manches, wenig, viel, nichts, im, die, etwas, das

die Schönste,

_____

_____

4. Streiche die falsche Schreibung jeweils durch.

- Den Vorschlag, eine gemeinsame Radtour zu machen, finden alle ganz Toll/toll.
- Das Tollste/tollste ist, dass einzelne Teams während der Tour bestimmte Aufgaben lösen müssen.
- Nächste Woche will Hanna eine Tolle/tolle Klassenfete organisieren.
- Malik tischt seinen Freunden die Neuesten/neuesten Gerüchte über einen freien Schultag auf.
- Heute wird eine Neue/neue aus dem Bundesland Niedersachsen am Unterricht teilnehmen.
- Alle sind gespannt auf die Neue/neue Schülerin mit dem Namen Aiysche.
- Für Aiysche wird im Unterricht nicht alles ganz Neu/neu sein.

Modul 5: Groß- und Kleinschreibung I

© Schöningh 978-3-14-025131-0

Groß- und Kleinschreibung I

1. Unterstreiche jeweils den großzuschreibenden Ausdruck. Bestimme danach, welche Wortart als Nomen/Substantiv gebraucht ist. Notiere wie im Beispiel, an welchem Nomensignal die Nominalisierung zu erkennen ist. Es können auch zwei Nomensignale sein.

> **Nomensignale:** Artikel, Adjektiv, Pronomen, Präposition, in der ein Artikel enthalten ist, Mengenangabe

	Wortart	Nomen-/Substantivsignal
DAS RENNEN	Verb	Artikel *das*
ETWAS SCHÖNES		
EINE ZWEI		
DAS DEIN UND MEIN		
MIT ACH UND WEH	Empfindungswort	
DURCH FREUNDLICHES VERHALTEN		
SEIN WENN UND ABER		
EIN DRITTEL		
ZUM LAUFEN		
DAS SIE		
NICHTS BERÜHMTES		
VIEL LUSTIGES		

2. Schreibe die folgenden Zeitangaben richtig auf.

GESTERN MITTAG, VORGESTERN ABEND, DES DIENSTAGS, AM GESTRIGEN FREITAG, ÜBERMORGEN, NACHTS, UM MITTERNACHT, EINES MONTAGS, MITTAGS, MORGEN NACHMITTAG, GESTERN ABEND

_____

_____

_____

3. Setze in dem folgenden Brief in die Lücken eine Höflichkeitsform der Anrede ein.

Hallo, Frau Rademacher,

aus unserem Urlaubsort in Griechenland auf der Halbinsel Sithonia sende ich _____ herzliche Urlaubsgrüße. Bei herrlichem Badewetter geht es uns sehr gut. Wir haben im Wetterbericht mitbekommen, dass auch _____ gutes Wetter haben. Ganz herzlich möchte ich mich bei _____ bedanken, dass _____ sich um meinen kleinen Mirko kümmern. Hoffentlich macht er _____ nicht zu viel Arbeit und bringt mit seinem Bellen und Herumtoben nicht _____ ganzes Haus durcheinander. Aber _____ kennen ihn ja und _____ haben deshalb auch gewusst, worauf _____ sich eingelassen haben. Und wie versteht sich mein Mirko mit _____ Tiger? Herzliche Grüße, auch an _____ Mann.

_____ Emmi Andersen

Kurzer Wissenscheck

Groß- und Kleinschreibung I

1. Ich kann großzuschreibende Wörter erkennen.

a) Unterstreiche in den folgenden Sätzen alle großzuschreibenden Wörter. Die Satzanfänge brauchst du nicht zu unterstreichen.

Ratschläge und Einsichten

1. WENN ZWEI SICH STREITEN, FREUT SICH DER DRITTE.
2. ES GIBT NICHTS GUTES, AUẞER MAN TUT ES. (ERICH KÄSTNER)
3. ES GIBT NICHT VIEL NEUES UNTER DER SONNE.
4. AM ABEND WIRD DER FAULE FLEISSIG.
5. WÄHREND DIE WEISEN NACHGRÜBELN, EROBERN DIE DUMMEN DIE FESTUNG.
6. OFT IST DAS FRAGEN LEICHTER ALS DAS ANTWORTEN.
7. DAS SIND DIE WEISEN, DIE DURCH DEN IRRTUM ZUR WAHRHEIT REISEN; DAS SIND DIE NARREN, DIE BEI DEM IRRTUM VERHARREN.
8. MANCHMAL ERKENNT MAN DEN KLUGEN AM SCHWEIGEN UND DEN EINFÄLTIGEN AM SCHWÄTZEN.
9. MANCHMAL HILFT KEIN WEH UND KEIN ACH.
10. MAN SOLLTE SICH KONSEQUENT AUF DAS HIER UND DAS HEUTE EINSTELLEN.
11. MANCHE LEUTE FRIEREN BEIM ARBEITEN UND SCHWITZEN BEIM ESSEN.
12. DEM GLÜCKLICHEN SCHLÄGT KEINE STUNDE.

b) Kennzeichne in den Beispielsätzen alle Nomensignale mit einer Wellenlinie.

> Nomensignale sind zum Beispiel: Artikel (der, die, das, ein, eine), Präposition, in der ein Artikel enthalten ist (beim – bei dem), Mengenangabe (kein, viel, wenig), Pronomen (sein).

2. Ich kenne mich aus mit der Schreibung von Tageszeiten.

Setze jeweils die richtigen Buchstaben ein.

eines _orgens	des _achts	_eute	_bermorgen _acht	_achts

_orgestern _ittag	des _ienstags	_ittwochs	am _ienstagnachmittag

3. Ich kann die großzuschreibende höfliche Form der Anrede gebrauchen.

Setze die passenden Formen in die Lücken ein.

Sehr geehrte Damen und Herren,

wir bitten _____, sich zu melden, wenn _____ Zeuge einer Gewalttat oder mutwilliger Zerstörungen geworden sind. Verständigen ____ bitte sofort _____ nächste Polizeidienststelle.

Wenn _____ schweigen, helfen _____ den Tätern. Wir wollen, dass _____ sicher leben.

_____ Polizei

© Schöningh 978-3-14-025131-0

Lösungen

Groß- und Kleinschreibung I

Basismaterial (S. 39)

1. EIN MANN RENNT VÖLLIG ATEMLOS <u>ZUM</u> BOOTSSTEG, WIRFT <u>SEINEN</u> KOFFER AUF <u>DIE</u> ZWEI METER <u>ENTFERNTE</u> FÄHRE UND SPRINGT HINTERHER. <u>AN</u> DECK SCHNAUFT ER LAUT: „GE-SCHAFFT!" <u>DER</u> KAPITÄN GUCKT SKEPTISCH UND SAGT DANN: „NICHT <u>DER</u> LANGSAMSTE! ABER WARUM HABEN SIE NICHT BIS <u>ZUM</u> ANLEGEN GEWARTET?"

   <u>DER</u> BERÜHMTE PHYSIKER ALBERT EINSTEIN LEBTE SEHR SPARSAM. <u>DIESE</u> SPARSAMKEIT VERRIET AUCH <u>SEINE</u> KLEIDUNG. „WILLST DU DIR NICHT MAL <u>EINEN</u> <u>NEUEN</u> MANTEL KAU-FEN?", FRAGTE IHN <u>SEIN</u> FREUND, ALS ER IHN <u>BEIM</u> SPAZIERGANG TRAF. <u>DER</u> FORSCHER LÄCHELTE UND ANTWORTETE: „WOZU DENN? HIER HABE ICH <u>VIELE</u> BEKANNTE, DIE WISSEN, WER ICH BIN." <u>DER</u> <u>GLEICHE</u> FREUND TRAF <u>EINIGE</u> ZEIT ALBERT EINSTEIN IN <u>DER</u> <u>NORDAMERI-</u><u>KANISCHEN</u> STADT NEW YORK WIEDER. SPONTAN MEINTE <u>SEIN</u> FREUND: „ DU TRÄGST <u>DAS</u> <u>ALTE</u> KLEIDUNGSSTÜCK JA IMMER NOCH!" „ WARUM NICHT", ANTWORTETE EINSTEIN, „HIER WEISS JA NIEMAND, WER ICH BIN."

   <u>DIE</u> LEHRERIN SCHAUT <u>DIE</u> HAUSAUFGABEN NACH. BEI TIM BLEIBT SIE STEHEN UND MEINT: „TIM, IN <u>DEINER</u> BESCHREIBUNG ‚<u>UNSER</u> NACHBAR' STEHT FAST WÖRTLICH <u>DAS</u> GLEICHE WIE BEI <u>DEINER</u> SCHWESTER." DARAUF TIM: „DAS IST DOCH KLAR, ES IST JA AUCH <u>DER</u> GLEICHE NACHBAR."

2. MANCHMAL IST <u>REDEN</u> SILBER, <u>SCHWEIGEN</u> GOLD UND <u>DENKEN</u> DYNAMIT.
   Manchmal ist **das** Reden Silber, **das** Schweigen Gold und **das** Denken Dynamit.

Differenzierungsmaterial 1 (S. 40)

1. Sehr geehrter Herr Wagner,
   wir möchten **Ihnen** mitteilen, dass das von **Ihnen** am 2.4. bestellte Kinderbett eingetroffen ist. Bitte setzen **Sie** sich mit unserer Speditionsabteilung in Verbindung, damit wir mit **Ihnen** einen für **Sie** passenden Termin für die Anlieferung vereinbaren können.
   Freundliche Grüße
   Ihr Möbelhaus mit Herz
2. gestern Morgen, heute, am heutigen Nachmittag, am Dienstag, am Freitagmorgen, mittags, übermor-gen, vorgestern, des Montags, des Morgens, heute Mittag, vormittags
3. Zu unterstreichen sind folgende Wörter: Rückgabe, Klassenarbeit, Lehrer, Schrift, Mensch, Unmög-lichste, Besondere, Fehler
   Bei der Rückgabe der Klassenarbeit beklagt sich der Lehrer bei Max: „Deine Schrift kann ein normaler Mensch wirklich nicht lesen, sie ist das Unmöglichste." Darauf Max: „Aber das ist ja gerade das Besondere. Wenn ich deutlich schreibe, beschweren Sie sich, wie viele Fehler ich mache."
4.
   - Moritz hält es für wenig **sinnvoll**, den ganzen Tag vor dem Computer zu sitzen.
     Er sucht für seine Freizeit noch eine **sinnvolle** Beschäftigung.
     Mit seinem Freund Max spricht er darüber, ob sie gemeinsam etwas **Sinnvolles** tun können.
   - Während des Urlaubs in der Toscana sahen sie viel **Schönes**.
     Besonders die **schönen** alten Plätze in den Städten hatten es ihnen angetan.
     Das **Schönste** war der Ausflug in die alte Stadt Siena.
   - In der letzten Jugendzeitschrift stand wenig **Spannendes**.
     Der Krimi, den er im Urlaub gelesen hat, war dagegen richtig **spannend**.

Differenzierungsmaterial 2 (S. 41)

1. Sein Schäfchen im <u>Trockenen</u> haben, der <u>Alte</u> bleiben, das <u>Weite</u> suchen, ins <u>Schwarze</u> treffen, im <u>Dunkeln</u> tappen, aus dem <u>Vollen</u> schöpfen,
2. Sie will wieder mal etwas <u>zum Besten</u> geben.
   Nachdem er verloren hat, sucht er schnell <u>das Weite</u>.
   Alles kann sich noch <u>zum Guten</u> wenden.
   Er geht bei diesem Spiel <u>aufs Ganze</u>.
   Um Bescheid zu wissen, will er immer auf <u>dem Laufenden</u> sein.
   Er ist sich noch nicht darüber <u>im Klaren</u>, was er machen soll.
   Hier müsste sich etwas ändern, denn es liegt noch viel <u>im Argen</u>.
3. Beispiele: allerlei Nebensächliches, der Dumme, manches Wesentliche, viel Erschütterndes, nichts Neues, die Ungeschickten, etwas Kluges, im Allgemeinen
4. • Den Vorschlag, eine gemeinsame Radtour zu machen, finden alle ganz **toll**.
   • Das **Tollste** ist, dass einzelne Teams während der Tour bestimmte Aufgaben lösen müssen.
   • Nächste Woche will Hanna eine **tolle** Klassenfete organisieren.
   • Malik tischt seinen Freunden die **neuesten** Gerüchte über einen freien Schultag auf.
   • Heute wird eine **Neue** aus dem Bundesland Niedersachsen am Unterricht teilnehmen.
   • Alle sind gespannt auf die **neue** Schülerin mit dem Namen Aiysche.
   • Für Aiysche wird im Unterricht nicht alles ganz **neu** sein.

Differenzierungsmaterial 3 (S. 42)

1. etwas <u>Schönes</u> (Adjektiv), **eine** <u>Zwei</u> (Mengenangabe), **das** <u>Dein</u> und <u>Mein</u> (Pronomen), **mit** <u>Ach</u> und <u>Weh</u> (Empfindungswort), **durch freundliches** <u>Verhalten</u> (Verb), **sein** <u>Wenn</u> und <u>Aber</u> (Konjunktion), **ein** <u>Drittel</u> (Mengenangabe), **zum** <u>Laufen</u> (Verb), **das** <u>Sie</u> (Pronomen), **nichts** <u>Berühmtes</u> (Adjektiv), **viel** <u>Lustiges</u> (Adjektiv)
2. gestern Mittag, vorgestern Abend, des Dienstags, am gestrigen Freitag, übermorgen, nachts, um Mitternacht, eines Montags, mittags, morgen Nachmittag, gestern Abend
3. Hallo, Frau Rademacher,
   aus unserem Urlaubsort in Griechenland auf der Halbinsel Sithonia sende ich **Ihnen** herzliche Urlaubs-grüße. Bei herrlichem Badewetter geht es uns sehr gut. Wir haben im Wetterbericht mitbekommen, dass auch **Sie** gutes Wetter haben. Ganz herzlich möchte ich mich bei **Ihnen** bedanken, dass **Sie** sich um meinen kleinen Mirko kümmern. Hoffentlich macht er **Ihnen** nicht zu viel Arbeit und bringt mit seinem Bellen und Herumtoben nicht **Ihr** ganzes Haus durcheinander. Aber **Sie** kennen ihn ja und **Sie** haben deshalb auch gewusst, worauf **Sie** sich eingelassen haben. Und wie versteht sich mein Mirko mit **Ihrem** Tiger?
   Herzliche Grüße, auch an **Ihren** Mann.
   Ihre Emmi Andersen

Kurzer Wissenscheck (S. 43)

1. a)/b) 2. <u>nichts Gutes</u>, 3. <u>viel Neues</u>, <u>der Sonne</u>, 4. <u>am Abend</u>, <u>der Faule</u>, 5. <u>die Weisen</u>, <u>die Dummen</u>, <u>die Festung</u>, 6. <u>das Fragen</u>, <u>das Antworten</u>, 7. <u>die Weisen</u>, <u>den Irrtum</u>, <u>zur Wahrheit</u>, <u>die Narren</u>, bei <u>dem Irrtum</u>, 8. <u>den Klugen</u>, <u>am Schweigen</u>, <u>den Einfältigen</u>, <u>am Schwätzen</u>, 9. <u>kein Weh</u>, <u>kein Ach</u>, 10. <u>das Hier</u>, <u>das Heute</u>, 11. <u>manche Leute</u>, <u>beim Arbeiten</u>, <u>beim Essen</u>, 12. <u>dem Glücklichen</u>, <u>keine Stunde</u>
2. eines Morgens, des Nachts, heute, übermorgen Nacht, nachts, vorgestern Mittag, des Dienstags, mittwochs, am Dienstagnachmittag
3. Sehr geehrte Damen und Herren, wir bitten **Sie**, sich zu melden, wenn **Sie** Zeuge einer Gewalttat oder mutwilliger Zerstörungen geworden sind. Verständigen **Sie** bitte sofort **Ihre** nächste Polizeidienststelle. Wenn **Sie** schweigen, helfen **Sie** den Tätern. Wir wollen, dass **Sie** sicher leben.
   Ihre Polizei

© Schöningh 978-3-14-025131-0

Modul 6: Groß- und Kleinschreibung II

> Die Großschreibung von Nomen/Substantiven und anderen nominalisierten Wortarten hast du sicher bereits gelernt (siehe auch Modul 5, S. 39).
> **Kleinzuschreiben** sind in der Regel:
> 1. die folgenden Präpositionen, die ihre Aufgabe als Nomen verloren haben: *trotz, dank, inmitten, zeit, kraft, seitens.* Beispiel: Er denkt **zeit** seines Lebens an diesen Vorfall. Aber: Er hat heute wirklich keine **Zeit**.
> 2. die Wörter *angst, bange, pleite, leid, schuld, klasse, spitze* in Verbindung mit den Verben *sein, werden, bleiben.* Beispiel: Ich **bin** nicht **schuld** daran. Aber: Ich **habe Schuld**.
> 3. feste Verbindungen aus Präposition und Adjektiv: *von fern, schwarz auf weiß, über kurz oder lang, durch dick und dünn, in bar, von weit her.*
> 4. bestimmte Adverbien auf -s und -ens: *abseits, morgens, teils, anfangs.*
> 5. unbestimmte Zahladjektive, Zahlwörter und Pronomen, auch wenn ein Artikel davor steht: *ein wenig, ein paar, ein bisschen, der/die eine, der/die andere, die vielen.*
> 6. der Superlativ (Höchststufe) eines Adjektivs; Beispiel: Sie ist **am schönsten**.

1. Setze die fehlenden Buchstaben ein. Unterscheide: einmal groß, einmal klein.
   Setze für die Kleinschreibung in das vordere Kästchen die entsprechende Nummer der Rechtschreibhilfe.

   ◯ Der Richter spricht das Urteil ☐raft seines Amtes. Nein zu sagen, kostet ihn viel ☐raft.

   ◯ Pedro ist heute im Tor wieder richtig ☐lasse. Er ist in ☐lasse 8d.

   ◯ Seine gute Note wollte er ☐chwarz auf ☐eiß haben. Schließlich hatte er ja mal wieder voll

   ins ☐chwarze getroffen.

   ◯ Ein ☐aar Tage später sahen sich die beiden wieder. Und nach einem Jahr waren sie schließlich

   ein ☐aar.

   ◯ Anna hat heute am ☐orgfältigsten gearbeitet. Sie ist allerdings nicht immer die ☐orgfältigste.

   ◯ Moritz kann ☐orgens am besten Vokabeln lernen. Denn des ☐orgens ist er gut ausgeschlafen.

   ◯ So schön ist das Leben gemischt, denn der ☐ine ist so und der ☐ndere so. Das ☐nders-

   sein ist für manche oft ein Grund zur Diskriminierung.

   ◯ Zum Besuch des Jahrmarkts kommen die Menschen von ☐eit her. Sie war schon von

   ☐eitem zu erkennen.

   ◯ Er konnte seine Leistungen ☐rotz großer Anstrengungen nicht verbessern. Vor lauter ☐rotz

   knallte er die Türen zu.

2. In der folgenden Übung geht es vor allem um die Großschreibung. Unterstreiche die großzuschreibenden (nominalisierten) Wörter. Die Anzahl ist in der Klammer vorgegeben; die Großschreibung am Satzanfang zählt nicht mit.

   (2) DAS MEIN UND DEIN DARF MAN NICHT VERWECHSELN.
   (4) EIN DAUERNDES WENN UND ABER BRINGT DICH NICHT WEITER, MAN SOLLTE AUCH DAS DENNOCH UND TROTZDEM BEACHTEN.
   (1) SICH ZU ERINNERN IST ZWAR WICHTIG, AM DAMALS FESTZUHALTEN ABER DESHALB NICHT IMMER RICHTIG.

46

Groß- und Kleinschreibung II

1. Klein oder groß? Entscheide jeweils, indem du das falsch geschriebene Wort durchstreichst.

- Karola hat Tim ein Paar/paar Bücher ausgeliehen. Plötzlich gelten die Beiden/beiden in der Klasse als ein Paar/paar.
- Steffi war nicht Schuld/schuld daran, dass die Klassenfete nicht zustande kam. Schließlich nahm Max die ganze Schuld/schuld für die misslungene Aktion auf sich.
- Er hätte das Geld gern in Bar/bar gehabt. Er hat nämlich lieber Bargeld/bargeld in der Hand als einen Scheck.
- Lara war es Leid/leid, immer wieder von Bastian angemacht zu werden. Niemand kann sich das gesamte Leid/leid der Welt auf den Rücken laden.
- Am Anfang/anfang war alles noch in Ordnung. Es sah Anfangs/anfangs noch recht gut für die Anderen/anderen aus.
- Er hatte sie bereits mehrere Male/male angesprochen. Aber sie hatte ihm Mehrmals/mehrmals überhaupt nicht geantwortet.

2. In jedem der folgenden Satzpaare werden bestimmte Wörter einmal groß- und einmal kleingeschrieben. Unterstreiche die kleinzuschreibenden Ausdrücke.

- OFT IST DAS WIE ENTSCHEIDENDER ALS DAS WAS. ICH WEISS NICHT, <u>WIE</u> DU DIR DAS VORSTELLST UND <u>WAS</u> DU JETZT MACHEN WIRST.
- SIE KONNTE IM WESENTLICHEN NICHTS DAZU SAGEN. MAN SOLLTE SICH STETS AUF DIE WESENTLICHEN DINGE KONZENTRIEREN.
- ES KOMMT NICHT IMMER AUF DAS WENN UND ABER AN. DIE MATHEAUFGABE IST IHR ABER NICHT GANZ KLAR GEWORDEN, AUCH WENN DER LEHRER SIE GUT ERKLÄRT HAT.
- LOTTA ISST EIN VIERTEL DER TORTE GANZ ALLEIN. EIN VIERTEL STÜCK HÄTTE FÜR SIE VIELLEICHT AUCH GEREICHT.
- MAN SOLLTE EHER AN DAS SCHÖNE MORGEN ALS AN DAS SCHLIMME GESTERN DENKEN. SIE WILL NOCH NICHT AN MORGEN DENKEN, DENN GESTERN GING ES IHR NOCH NICHT SO GUT.
- ERST IM NACHHINEIN WURDEN IHM SEINE FEHLER BEWUSST. ERST NACH EINIGEN TAGEN WURDE IHM ALLES KLAR.
- MAX HÖRT VON SEINEN FREUNDEN ALLERLEI NEUES. OB DAS WIRKLICH ALLES NEU IST, BLEIBT UNKLAR.

3. Unterstreiche im folgenden Text alle Wörter, die großgeschrieben werden; Satzanfänge und Eigennamen brauchst du nicht zu unterstreichen. Markiere die Nomensignale mit einer Wellenlinie.

WIDERRUF

EGON BOMMEL REGTE SICH IM ALLGEMEINEN IMMER SCHNELL AUF. AUS WUT ÜBER DIE ABLEHNUNG EINES ANTRAGS BESCHIMPFTE ER DEN GEMEINDERAT MIT DEN WORTEN, DIE HÄLFTE DES GEMEINDERATS SEIEN IDIOTEN. DARAUFHIN WURDE HERR BOMMEL VON DER GEMEINDE VERKLAGT. VOR GERICHT KAM ES SCHLIESSLICH ZU EINEM VERGLEICH. EGON BOMMEL VERPFLICHTETE SICH, SEINE BESCHIMPFUNG ZU WIDERRUFEN. IN DER ZEITUNG GAB ER DAHER FOLGENDE ERKLÄRUNG AB: „DIE VON MIR AUFGE-STELLTE BEHAUPTUNG, DASS DIE HÄLFTE DER MITGLIEDER DES GEMEINDERATS IDIOTEN SIND, WIDERRUFE ICH HIERMIT MIT DEM AUSDRUCK DES BEDAUERNS. ICH ERKLÄRE, DASS DIE HÄLFTE DER GEMEINDERATSMITGLIEDER KEINE IDIOTEN SIND.“

© Schöningh 978-3-14-025131-0

Differenzierungsmaterial 2

■ Groß- und Kleinschreibung II

> Mal und -mal: Das Nomen *Mal* wird großgeschrieben. Im Satz stehen immer Begleiter davor: das erste Mal, dieses Mal, ein einziges Mal. Wörter mit den Wortbausteinen *-mal* und *-mals* sind Adverbien und werden kleingeschrieben: niemals, mehrmals, einmal.

1. Schreibe die Ausdrücke in Großbuchstaben in der richtigen Schreibweise in die Klammer.

- Er begegnete ihr MEHRERE MALE (_____), doch KEINMAL

  (_____) ist sie stehen geblieben. Sie will offenbar NIEMALS

  (_____) etwas mit ihm zu tun haben.

- Ein LETZTES MAL (_____) probierte er, Hanna über sein Handy zu erreichen.

  Er will es gleich noch EINMAL (_____) versuchen.

- Sven will DIESMAL (_____) unbedingt mitspielen, denn DIESES MAL

  (_____) soll es wirklich das LETZTE MAL (_____) sein.

2. Unterstreiche in den folgenden kurzen Sätzen die kleinzuschreibenden Ausdrücke, die man sich gut merken muss.

ER DENKT <u>ZEIT</u> SEINES LEBENS DARAN. DAS IST SPITZE! ER KOMMT VON WEIT HER. FÜR SIE GEHT ER DURCH DICK UND DÜNN. SIE HAT IHN ANFANGS FALSCH EINGESCHÄTZT. ES KÖNNTE EIN BISSCHEN MEHR SEIN. SIE WOHNT ABSEITS VON DER STRASSE. ER SCHAUT VON FERN ZU. ES WIRD IHM ANGST UND BANGE. SIE LACHT AM LAUTESTEN.

3. Unterstreiche in den folgenden Formulierungen jeweils das großzuschreibende Wort. Achte auf die Nomensignale.

IM <u>EINZELNEN</u>, MIT BEZUG AUF, IM FOLGENDEN, IM ALLGEMEINEN, IM ÜBRIGEN, IM WESENT-LICHEN, DAS WICHTIGSTE, IM GROSSEN UND GANZEN, EINES ABENDS, IM GRÜNEN WOH-NEN, IM HINBLICK AUF, NICHT IM ENTFERNTESTEN, IN BEZUG AUF

4. Welches Nomensignal taucht in Übung 3 am häufigsten auf? Kreuze an.

☐ bestimmter Artikel   ☐ unbestimmter Artikel   ☐ Präposition   ☐ Adjektiv

> Groß- oder kleingeschrieben: Adjektive werden im Satz großgeschrieben, wenn sie nominalisiert sind; sie werden kleingeschrieben, wenn sie zu einem Nomen gehören oder sich auf ein vorausgehendes Nomen beziehen lassen.

5. Entscheide, ob groß- oder kleingeschrieben wird wie in den Beispielen.

- Von allen Mitschülern ist Kirsten die ~~Netteste~~/**netteste** (man kann ergänzen: Mitschülerin, daher kleingeschrieben). Kirsten ist die **Netteste**/~~netteste~~ (nominalisiertes Adjektiv, daher großgeschrie-ben). Kirsten ist die ~~Netteste~~/**netteste** Mitschülerin (Adjektiv als Begleiter des Nomens, daher kleingeschrieben).

- Das Schönste/schönste an der Schule sind für ihn die Sommerferien.

- Die Kleinen/kleinen Wünsche kann man sich oft sofort erfüllen, die Großen/großen verschiebt man erst mal auf später.

- Greta ist die Beste/beste.

Kurzer Wissenscheck

Groß- und Kleinschreibung II

1. Ich kann die Groß- und Kleinschreibung unterscheiden.

Von den folgenden Schreibweisen ist jeweils nur eine richtig, kreuze die richtige an.

☐ Sie erzählte von ihm wenig Gutes.

☐ Sie erzählte von ihm wenig gutes.

☐ Er zahlte in bar.

☐ Er zahlte in Bar.

☐ Er traf sie beim Schwimmen.

☐ Er traf sie beim schwimmen.

☐ Er ist nicht schuld daran.

☐ Er ist nicht Schuld daran.

☐ Erst gestern Morgen kam er an.

☐ Erst gestern morgen kam er an.

☐ Er sah sie von Fern.

☐ Er sah sie von fern.

☐ Sie mochten sich anfangs nicht.

☐ Sie mochten sich Anfangs nicht

☐ Das war spitze!

☐ Das war Spitze!

☐ Sie sahen viel Schönes.

☐ Sie sahen viel schönes.

☐ Er konnte am Besten lesen.

☐ Er konnte am besten lesen.

☐ Sie kam trotz des schlechten Wetters.

☐ Sie kam Trotz des schlechten Wetters.

☐ Sie war die Schönste.

☐ Sie war die schönste.

2. Ich habe mir besondere Schwierigkeiten eingeprägt.

Ergänze jeweils die Regeln. Streiche bei den Beispielen die falsche Schreibung durch.

- Das Nomen *Mal* wird _____, die Wortbausteine *-mal* und *-mals* werden

  _____. Beispiele: Er bedankte sich mehrere Male/mehrere male. Er bedankte

  sich mehr als ein Mal/einmal.

- Folgt der Präposition *am* der Superlativ (Höchststufe), so wird das Adjektiv _____.

  Beispiel: Wenn das Fest zu Ende geht, wird es oft am Schönsten/am schönsten.

- Adjektive und Partizipien werden _____, wenn sie sich auf ein vorherge-

  hendes Nomen im Satz beziehen.

  Beispiel: Sie weiß nicht, welche Hose sie anziehen soll, die Weiße/weiße oder die Grüne/grüne.

- paar oder Paar? – Wenn es ein Nomen ist, wird es _____, handelt es

  sich um ein unbestimmtes Zahlwort, wird es _____.

  Beispiele: Diesmal kamen nur ein Paar/paar Leute. Sie waren ein hübsches Paar/paar.

© Schöningh 978-3-14-025131-0

Lösungen

Groß- und Kleinschreibung II

Basismaterial (S. 46)

1. (1) Der Richter spricht das Urteil **kraft** seines Amtes. Nein zu sagen, kostet ihn viel **Kraft**.

   (2) Pedro ist heute im Tor wieder richtig **klasse**. Er ist in **Klasse** 8d.

   (3) Seine gute Note wollte er **schwarz auf weiß** haben. Schließlich hatte er ja mal wieder voll ins **Schwarze** getroffen.

   (5) Ein **paar** Tage später sahen sich die beiden wieder. Und nach einem Jahr waren sie schließlich ein **Paar**.

   (6) Anna hat heute am **sorgfältigsten** gearbeitet. Sie ist allerdings nicht immer die **Sorgfältigste**.

   (4) Moritz kann **morgens** am besten Vokabeln lernen. Denn des **Morgens** ist er gut ausgeschlafen.

   (5) So schön ist das Leben gemischt, denn der **eine** ist so und der **andere** so. Das **Anderssein** ist für manche oft ein Grund zur Diskriminierung.

   (3) Zum Besuch des Jahrmarkts kommen die Menschen von **weit** her. Sie war schon von **Weitem** zu erkennen.

   (1) Er konnte seine Leistungen **trotz** großer Anstrengungen nicht verbessern. Vor lauter **Trotz** knallte er die Türen zu.

2. DAS <u>MEIN</u> UND <u>DEIN</u> DARF MAN NICHT VERWECHSELN.
   EIN DAUERNDES <u>WENN</u> UND <u>ABER</u> BRINGT DICH NICHT WEITER, MAN
   SOLLTE AUCH DAS <u>DENNOCH</u> UND <u>TROTZDEM</u> BEACHTEN.
   SICH ZU ERINNERN IST ZWAR WICHTIG, AM <u>DAMALS</u> FESTZUHALTEN ABER DESHALB NICHT
   IMMER RICHTIG.

Differenzierungsmaterial 1 (S. 47)

1. - Karola hat Tim ein **paar** Bücher ausgeliehen. Plötzlich gelten die beiden in der Klasse als ein **Paar**.
   - Steffi war nicht **schuld** daran, dass die Klassenfete nicht zustande kam. Schließlich nahm Max die ganze **Schuld** für die misslungene Aktion auf sich.
   - Er hätte das Geld gern **in bar** gehabt. Er hat nämlich lieber **Bargeld** in der Hand als einen Scheck.
   - Lara war es **leid**, immer wieder von Bastian angemacht zu werden. Niemand kann sich das gesamte **Leid** der Welt auf den Rücken laden.
   - Am **Anfang** war alles noch in Ordnung. Es sah **anfangs** noch recht gut für die anderen aus.
   - Er hatte sie bereits mehrere **Male** angesprochen. Aber sie hatte ihm **mehrmals** überhaupt nicht geantwortet.

2. - OFT IST DAS WIE ENTSCHEIDENDER ALS DAS WAS. ICH WEISS NICHT, <u>WIE</u> DU DIR DAS VORSTELLST UND <u>WAS</u> DU JETZT MACHEN WIRST.
   - SIE KONNTE IM WESENTLICHEN NICHTS DAZU SAGEN. MAN SOLLTE SICH STETS AUF DIE <u>WESENTLICHEN</u> DINGE KONZENTRIEREN.
   - ES KOMMT NICHT IMMER AUF DAS WENN UND ABER AN. DIE MATHEAUFGABE IST IHR <u>ABER</u> NICHT GANZ KLAR GEWORDEN, AUCH <u>WENN</u> DER LEHRER SIE GUT ERKLÄRT HAT.
   - LOTTA ISST EIN VIERTEL DER TORTE GANZ ALLEIN. EIN <u>VIERTEL</u> STÜCK HÄTTE FÜR SIE VIELLEICHT AUCH GEREICHT.
   - MAN SOLLTE EHER AN DAS SCHÖNE MORGEN ALS AN DAS SCHLIMME GESTERN DENKEN. SIE WILL NOCH NICHT AN <u>MORGEN</u> DENKEN, DENN <u>GESTERN</u> GING ES IHR NOCH NICHT SO GUT.
   - ERST IM NACHHINEIN WURDEN IHM SEINE FEHLER BEWUSST. ERST <u>NACH</u> <u>EINIGEN</u> TAGEN WURDE IHM ALLES KLAR.
   - MAX HÖRT VON SEINEN FREUNDEN ALLERLEI NEUES. OB DAS WIRKLICH <u>ALLES</u> <u>NEU</u> IST, BLEIBT UNKLAR.

3. WIDERRUF

EGON BOMMEL REGTE SICH <u>IM</u> <u>ALLGEMEINEN</u> IMMER SCHNELL AUF. <u>AUS</u> <u>WUT</u> ÜBER <u>DIE</u> <u>ABLEHNUNG</u> <u>EINES</u> <u>ANTRAGS</u> BESCHIMPFTE ER <u>DEN</u> <u>GEMEINDERAT</u> MIT <u>DEN</u> <u>WORTEN</u>, <u>DIE</u> <u>HÄLFTE</u> <u>DES</u> <u>GEMEINDERATS</u> SEIEN <u>IDIOTEN</u>. DARAUFHIN WURDE <u>HERR</u> BOMMEL VON <u>DER</u> <u>GEMEINDE</u> VERKLAGT. <u>VOR</u> <u>GERICHT</u> KAM ES SCHLIESSLICH ZU <u>EINEM</u> <u>VERGLEICH</u>. EGON BOMMEL VERPFLICHTETE SICH, <u>SEINE</u> <u>BESCHIMPFUNG</u> ZU WIDERRUFEN. IN <u>DER</u> <u>ZEITUNG</u> GAB ER DAHER <u>FOLGENDE</u> <u>ERKLÄRUNG</u> AB: „DIE VON MIR <u>AUFGESTELLTE</u> <u>BEHAUPTUNG</u>, DASS <u>DIE</u> <u>HÄLFTE</u> <u>DER</u> <u>MITGLIEDER</u> <u>DES</u> <u>GEMEINDERATS</u> <u>IDIOTEN</u> SIND, WIDERRUFE ICH HIERMIT MIT <u>DEM</u> <u>AUSDRUCK</u> <u>DES</u> <u>BEDAUERNS</u>. ICH ERKLÄRE, DASS <u>DIE</u> <u>HÄLFTE</u> <u>DER</u> <u>GEMEINDERATS-</u> <u>MITGLIEDER</u> <u>KEINE</u> <u>IDIOTEN</u> SIND."

Differenzierungsmaterial 2 (S. 48)

1. • mehrere Male, keinmal, niemals
   • ein letztes Mal, noch einmal
   • diesmal, dieses Mal, das letzte Mal
2. DAS IST <u>SPITZE</u>! ER KOMMT <u>VON</u> <u>WEIT</u> <u>HER</u>. FÜR SIE GEHT ER <u>DURCH</u> <u>DICK</u> UND <u>DÜNN</u>. SIE HAT IHN <u>ANFANGS</u> FALSCH EINGESCHÄTZT. ES KÖNNTE <u>EIN</u> <u>BISSCHEN</u> MEHR SEIN. SIE WOHNT <u>ABSEITS</u> VON DER STRASSE. ER SCHAUT <u>VON</u> <u>FERN</u> ZU. ES WIRD IHM <u>ANGST</u> <u>UND</u> <u>BANGE</u>. SIE LACHT <u>AM</u> <u>LAUTESTEN</u>.
3. MIT <u>BEZUG</u> AUF, IM <u>FOLGENDEN</u>, IM <u>ALLGEMEINEN</u>, IM <u>ÜBRIGEN</u>, IM <u>WESENTLICHEN</u>, DAS <u>WICHTIGSTE</u>, IM <u>GROSSEN</u> UND <u>GANZEN</u>, EINES <u>ABENDS</u>, IM <u>GRÜNEN</u> WOHNEN, IM <u>HIN-</u><u>BLICK</u> AUF, NICHT IM <u>ENTFERNTESTEN</u>, IN <u>BEZUG</u> AUF
4. Präposition
5. • Das **Schönste** an der Schule sind für ihn die Sommerferien.
   • Die **kleinen** Wünsche kann man sich oft sofort erfüllen, die **großen** verschiebt man erst mal auf später.
   • Greta ist die **Beste**.

Kurzer Wissenscheck (S. 49)

1. Sie erzählte von ihm wenig **Gutes**.//Er zahlte **in bar**.//Er traf sie beim **Schwimmen**.//Er ist nicht **schuld** daran.//Erst gestern **Morgen** kam er an.//Er sah sie **von fern**.//Sie mochten sich **anfangs** nicht.//Das war **spitze**.//Sie sahen **viel Schönes**.//Er konnte **am besten** lesen.//Sie kam **trotz** des schlechtern Wetters.//Sie war die **Schönste**.
2. • Das Nomen *Mal* wird **großgeschrieben**, die Wortbausteine -*mal* und -*mals* werden **kleingeschrieben**. Beispiele: Er bedankte sich **mehrere Male**. Er bedankte sich mehr als **einmal**.
   • Folgt der Präposition *am* der Superlativ (Höchststufe), so wird das Adjektiv **kleingeschrieben**. Beispiel: Wenn das Fest zu Ende geht, wird es oft **am schönsten**.
   • Adjektive und Partizipien werden **kleingeschrieben**, wenn sie sich auf ein vorhergehendes Nomen im Satz beziehen. Beispiel: Sie weiß nicht, welche Hose sie anziehen soll, die **weiße** oder die **grüne**.
   • paar oder Paar? – Wenn es ein Nomen ist, wird es **großgeschrieben**, handelt es sich um ein unbestimmtes Zahlwort, wird es **kleingeschrieben**. Beispiele: Diesmal kamen nur ein **paar** Leute. Sie waren ein hübsches **Paar**.

Modul 7: Getrennt- und Zusammenschreibung I – wann schreibt man getrennt?

Basismaterial

Modul 7: Getrennt- und Zusammenschreibung I – wann schreibt man getrennt?

Bei der **Getrenntschreibung** (Wortgruppe) sind vor allem die folgenden Hinweise zu beachten:
1. Nomen und Verb: Angst haben, Auto fahren, Klavier spielen.
2. Verb und Verb: sprechen können, laufen lernen.
3. Bestimmte Verbindungen: außer das, gar nichts, gar kein, so viel, allzu viel, wie viele, zu wenig.
4. Das Verb *sein* in Verbindung mit anderen Wörtern: da sein, ruhig sein, bereit sein.
5. Verbindungen mit allzu, ebenso, genauso, heimwärts: ebenso schön, heimwärts gehen.
6. Verbindungen aus Adjektiv und Verb: schnell laufen, sauber schreiben, krank werden; Ausnahmen sind Wendungen in übertragener Bedeutung: bloßstellen, schwarzfahren, fernsehen, wahrsagen, hochrechnen, krankschreiben, sich kurzfassen, schiefgehen (Bedeutung: misslingen), kleinschreiben (mit kleinen Anfangsbuchstaben), freisprechen (vor Gericht), festhalten (schriftlich festhalten).

1. Unterstreiche in jedem Satz die getrennt geschriebene Wortgruppe. Kennzeichne in dem Kasten die Nummer der Zusammenstellung.

    | | Sie will immer für ihn da sein. |
    | | Er möchte gar nichts mehr von ihr wissen. |
    | | Sie kann besser Klavier spielen, er kann besser Auto fahren. |
    | | Lisa und Paul wollen heute zusammen spazieren gehen. |
    | | Es hat heute Nacht offenbar kräftig geregnet. |
    | | Er wollte eigentlich längst mit der Arbeit fertig sein. |

    > Hier geht es um Wortgruppen: getrennt geschrieben!

2. Bilde aus den beiden Wortspeichern sinnvolle Wortgruppen.

    Walzer, Glück, Ski, Recht, Not, Schuld, Rat, Schlitten, Spaß, Feuer, Schlange

    fahren, suchen, leiden, geben, stehen, tragen, ziehen, haben, machen, fangen, fahren, tanzen

    Walzer tanzen, _____

    _____

3. Beachte, dass bei einer Nominalisierung die Ausdrücke aus Übung 2 groß- und zusammengeschrieben werden. Bilde noch drei kleine Sätze nach dem Muster des Beispielsatzes. Unterstreiche jeweils das Nomensignal.

    Den Kindern macht das Schlittenfahren großen Spaß.

    _____

    _____

4. Bilde aus den beiden Wortspeichern (Verb und Verb) Wortgruppen.

    spazieren, schätzen, baden, schreiben, lesen, verstecken, schwimmen, laufen

    gehen, lernen, spielen, können

    _____

    _____

Getrennt- und Zusammenschreibung I

1. Verbinde passende Wörter aus den beiden Wortspeichern zu sinnvollen Wortgruppen (getrennt geschrieben).

> Recht, Furcht, Aufsehen, Feuer, Anteil, Verdacht, Schlitten, Vertrauen, Gefahr, Anklang, Wort, Frieden

> halten, stiften, geben, einflößen, erregen, fangen, nehmen, erregen, fahren, gewinnen, laufen, finden, erheben, haben

Recht haben _____

_____

_____

_____

2. Setze anstelle der folgenden Zusammensetzungen jeweils eine getrennt geschriebene Wortgruppe.

irgendeiner – *irgend so einer*   keinesfalls – _____

fernsehmüde – *vom Fernsehen müde*   jederzeit – _____

denkfaul – _____   stundenlang – _____

diesmal – _____   butterweich – _____

letztmalig – _____   einmal – _____

3. Verbindungen aus Adjektiv und Verb werden normalerweise getrennt (als Wortgruppe) geschrieben (schnell laufen). Ausnahmen sind Wendungen in übertragener Bedeutung (zum Beispiel: richtigstellen in der Bedeutung von etwas korrigieren).
Unterscheide bei den folgenden Ausdrücken, ob getrennt oder zusammengeschrieben wird. Unterstreiche die richtige Schreibweise.

schwarz fahren/schwarzfahren, gut erledigen/guterledigen, krank werden/krankwerden, krankschreiben/krank schreiben, sauber schreiben/sauberschreiben, italienisch essen/italienischessen, fernsehen/fern sehen, schief gehen/schiefgehen (Bedeutung: misslingen), leichtfallen/leicht fallen (Bedeutung: keine Mühe machen), frei sprechen/freisprechen (Bedeutung: vor Gericht), schwer fallen/schwerfallen (Bedeutung: Mühe machen)

4. Setze in die folgenden Sätze eine der Formulierungen aus Aufgabe 3 ein.

- Heute möchte sie mit ihrem Freund _____.

- Morgen darf bei der Mathearbeit nichts _____.

- Der Arzt hat die Patientin _____, weil sie eine schwere Bronchitis hat.

- Diese Aufgabe ist ihm sehr _____.

- Der Angeklagte wird vor Gericht _____.

- Tim möchte heute Abend _____.

Differenzierungsmaterial 2

■ Getrennt- und Zusammenschreibung I

1. Bilde aus den folgenden Wörtern getrennt geschriebene Wortgruppen.

Verb/Adjektiv	Verb	Wortgruppe
spazieren	rennen	_spazieren gehen_
schnell	gehen	
laut	können	
verständlich	weggehen	
geschenkt	zuhören	
lesen	nachdenken	
auswendig	rufen	
gebückt	sprechen	
getrennt	schreiben	
angestrengt	bekommen	
gespannt	dürfen	
eilig	lernen	
bleiben	erhalten	

2. Notiere die entsprechenden Wortgruppen in deinem Heft.

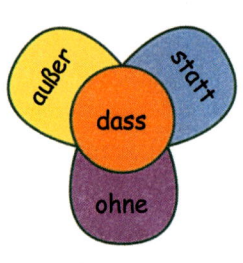 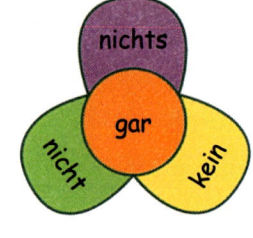 

3. Füge in die folgenden Sätze eine Wortgruppe aus Übung 2 ein.

- Er gab sofort nach, _____ _____ er es eigentlich wollte.

- Sie hörte wieder einmal _____ _____ zu.

- Er wusste nicht, _____ _____ Mitschülerinnen und Mitschüler zur Party kommen.

- Es kamen viel mehr, als er gedacht hatte; mit _____ _____ hatte er _____

  _____ gerechnet.

4. Stelle Wortgruppen mit den Wörtern aus den Wortspeichern zusammen.

allzu, ebenso, genauso ‖ heimwärts ‖ zusammen (in der Bedeutung gemeinsam)

oft, selten, klug, spannend ‖ gehen, spazieren, laufen ‖ arbeiten, lernen, verreisen

Getrennt- und Zusammenschreibung I

1. Bei manchen Ausdrücken kommt es auf die grammatischen Zusammenhänge im Satz an, ob sie als Wortgruppe (getrennt geschrieben) oder als Zusammensetzung (zusammengeschrieben) aufgefasst werden.
Setze die folgenden Wortpaare im Wortspeicher der Reihe nach richtig in die Sätze ein. Achte auf Betonung und Bedeutung.

> in dem/indem; so oft/sooft; so lange/solange; seit dem/seitdem; nach dem/nachdem

- Er versuchte ihr näherzukommen, _____ er ihr Komplimente machte. Aber sie

  sah _____ Verhalten nur den Versuch, sich einzuschmeicheln.

- Er stimmte ihr zu, _____ sie nur etwas von ihm wollte. Aber _____

  war das leider gar nicht.

- Es ging alles gut, _____ sie zusammen waren. Das ist _____ noch

  nicht her.

- Sie saß schon _____ Beginn der Klasse 7 neben ihm. Doch _____

  verstanden sie sich nicht mehr richtig.

- Sie sagte erst zu, _____ er sich entschuldigt hatte. Sie aßen _____

  Probenabend zusammen noch ein Eis.

2. Manche Verbbestandteile werden im Satz einmal getrennt (als Wortgruppe) und einmal zusammen (als Zusammensetzung) geschrieben. Setze in den folgenden Sätzen die Ausdrücke aus dem Wortspeicher richtig ein. Achte auf Bedeutung und Betonung.

> zumachen/zu machen; zugeben/zu geben; zu sagen/zusagen

- Der Lehrer fordert seine Schüler auf, die Hausaufgaben regelmäßig _____. Der

  Hausmeister bittet darum, dass jeder die Tür zur Pausenhalle _____.

- Lennart bittet seine Mutter, ihm etwas Geld _____. Sie fordert ihn auf, er solle

  doch _____, dass er sein Taschengeld schon erhalten habe.

- Tina hat _____, zur Fete zu kommen.

  Lotta, Tinas Erzfeindin, hat dazu nichts mehr _____.

3. Bei manchen Ausdrücken kann der Schreiber selbst entscheiden, ob er diese als Wortgruppe (getrennt) oder als Zusammensetzung (zusammen) versteht. Schreibe die jeweils andere Möglichkeit auf.

Wortgruppe (getrennt geschrieben)	Zusammensetzung (zusammengeschrieben)
ein viertel Pfund	*ein Viertelpfund*
zu Stande bringen	_____
_____	ein Achtelliter
_____	außerstande sein
von Seiten	_____
_____	zutage fördern

Modul 7: Getrennt- und Zusammenschreibung I – wann schreibt man getrennt?

© Schöningh 978-3-14-025131-0

Kurzer Wissenscheck

Getrennt- und Zusammenschreibung I – wann schreibt man getrennt?

1. Ich kenne wichtige Grundsätze der Getrenntschreibung (Wortgruppe) und deren Ausnahmen.

Ergänze jeweils um zwei Beispiele.

a) Verbindungen zwischen Nomen/Substantiv und Verb werden in der Regel getrennt geschrieben.

Angst haben, Auto fahren, _____

b) Die nominalisierten/substantivierten Formen dieser Verbindungen werden zusammengeschrieben.

das Angsthaben, beim Autofahren, _____

_____

c) Verbindungen wie *ohne dass, gar nicht, wie viele* werden getrennt geschrieben.

weitere Beispiele: _____

d) Das Verb *sein* in Verbindung mit anderen Wörtern wird getrennt geschrieben.

hier sein, da sein, _____

e) Verbindungen aus Adjektiv und Verb werden in der Regel getrennt geschrieben.

krank werden, schnell laufen, _____

f) Verbindungen von Verb und Adjektiv in übertragener Bedeutung werden zusammengeschrieben.

fernsehen, schwarzfahren, _____

g) Bei manchen Verbindungen kann man selbst entscheiden, ob man getrennt schreibt oder zusammenschreibt.

schwer verständlich/schwerverständlich; mithilfe/mit Hilfe, _____

_____

2. Ich kann aus Zusammensetzungen (zusammengeschrieben) jeweils eine Wortgruppe (getrennt geschrieben) bilden.

Formuliere aus der Wortgruppe eine Zusammensetzung wie im Beispiel.

diesmal – *dieses Mal* _____

einmal – _____

zuckersüß – _____

geräuscharm – _____

jederzeit – _____

keinesfalls – _____

jahrelang – _____

sprechfaul – _____

Lösungen

Getrennt- und Zusammenschreibung I – wann schreibt man getrennt?

Basismaterial (S. 52)

1. (4.) Sie will immer für ihn <u>da sein</u>.
   (3.) Er möchte <u>gar nichts</u> mehr von ihr wissen.
   (1.) Sie kann besser <u>Klavier spielen</u>, er kann besser <u>Auto fahren</u>.
   (2.) Lisa und Paul wollen heute zusammen <u>spazieren gehen</u>.
   (6.) Es hat heute Nacht offenbar <u>kräftig geregnet</u>.
   (4.) Er wollte eigentlich längst mit der Arbeit <u>fertig sein</u>.
2. Glück haben, Ski fahren, Recht haben, Not leiden, Schuld geben, Rat suchen, Schlitten fahren, Spaß machen, Feuer fangen, Schlange stehen
3. Beispiele: <u>Das **S**chlangestehen</u> in Kaufhäusern gibt es heute kaum noch. <u>Das **S**kifahren</u> ist ein Volkssport geworden. Für eine gelungene Fete ist <u>das **S**paßmachen</u> nicht ganz unwichtig.
4. Beispiele: spazieren gehen, schätzen lernen, baden gehen, schreiben lernen, lesen können, verstecken spielen, schwimmen lernen, schwimmen können, laufen lernen, laufen können

Differenzierungsmaterial 1 (S. 53)

1. Beispiele: Furcht einflößen, Aufsehen erregen, Feuer fangen, Anteil nehmen, Vertrauen gewinnen, Gefahr laufen, Anklang finden, Wort halten, Frieden stiften
2. denkfaul – zu faul zum Denken, diesmal – dieses Mal, letztmalig – ein letztes Mal, keinesfalls – auf keinen Fall, jederzeit – zu jeder Zeit, stundenlang – einige Stunden lang, butterweich – weich wie Butter, einmal – ein einziges Mal
3. schwarzfahren, gut erledigen, krank werden, krankschreiben, sauber schreiben, italienisch essen, fernsehen, schiefgehen, leichtfallen, freisprechen, schwerfallen
4. italienisch essen, schiefgehen, krankgeschrieben, leichtgefallen, freigesprochen, fernsehen

Differenzierungsmaterial 2 (S. 54)

1. Beispiele: schnell schreiben, laut nachdenken, verständlich sprechen, geschenkt bekommen, lesen lernen, auswendig lernen, gebückt gehen, getrennt schreiben, angestrengt nachdenken, gespannt zuhören, eilig weggehen, bleiben können
2. außer dass, ohne dass, statt dass//gar nichts, gar nicht, gar kein//allzu viel, allzu viele, allzu wenig, wie viel, wie viele, wie wenig, zu viel, zu viele, zu wenig, so viel, so viele, so wenig
3.
   - Er gab sofort nach, **ohne dass** er es eigentlich wollte.
   - Sie hörte wieder einmal **gar nicht** zu.
   - Er wusste nicht, **wie viele** Mitschülerinnen und Mitschüler zur Party kommen.
   - Es kamen viel mehr, als er gedacht hatte; mit **so vielen** hatte er **gar nicht** gerechnet.
4. Beispiele: allzu oft, ebenso klug, genauso spannend//heimwärts gehen, heimwärts spazieren//zusammen arbeiten, zusammen verreisen

Differenzierungsmaterial 3 (S. 55)

1.
   - Er versuchte ihr näherzukommen, **indem** er ihr Komplimente machte. Aber sie sah **in dem** Verhalten nur den Versuch, sich einzuschmeicheln.
   - Er stimmte ihr zu, **sooft** sie nur etwas von ihm wollte. Aber **so oft** war das leider gar nicht.
   - Es ging alles gut, **solange** sie zusammen waren. Das ist **so lange** noch nicht her.
   - Sie saß schon **seit dem** Beginn der Klasse 7 neben ihm. Doch **seitdem** verstanden sie sich nicht mehr richtig.
   - Sie sagte erst zu, **nachdem** er sich entschuldigt hatte. Sie aßen **nach dem** Probeabend zusammen noch ein Eis.

2. • Der Lehrer fordert seine Schüler auf, die Hausaufgaben regelmäßig **zu machen**. Der Hausmeister bittet darum, dass jeder die Tür zur Pausenhalle **zumacht**.
   • Lennart bittet seine Mutter, ihm etwas Geld **zu geben**. Sie fordert ihn auf, er solle doch **zugeben**, dass er sein Taschengeld schon erhalten habe.
   • Tina hat **zugesagt**, zur Fete zu kommen. Lotta, Tinas Erzfeindin, hat dazu nichts mehr **zu sagen**.

3. zu Stande bringen – zustandebringen//ein achtel Liter – ein Achtelliter//außer Stande sein – außerstande sein//von Seiten – vonseiten//zu Tage fördern – zutage fördern

Kurzer Wissenscheck (S. 56)

1. Beispiele:
   a) Ski fahren, Walzer tanzen
   b) beim Skifahren, das Walzertanzen
   c) gar kein, außer dass
   d) anwesend sein, gespannt sein
   e) richtig schreiben, laut lachen
   f) wahrsagen, freisprechen (vor Gericht)
   g) zugunsten – zu Gunsten; schwerbekömmlich – schwer bekömmlich

2. einmal – ein einziges Mal//zuckersüß – süß wie Zucker//geräuscharm – arm an Geräuschen//jederzeit – zu jeder Zeit//keinesfalls – auf keinen Fall//jahrelang – mehrere Jahre lang//sprechfaul – zu faul zum Sprechen

Basismaterial

Modul 8: Getrennt- und Zusammenschreibung II – wann schreibt man zusammen?

Modul 8: Getrennt- und Zusammenschreibung II – wann schreibt man zusammen?

Zusammengeschrieben werden:

1. Untrennbare Verben; dies sind Verben, die im Satz nicht getrennt werden können;
   Beispiele: frohlocken, wetteifern, widersprechen, vollenden, liebkosen
   Er frohlockte. Sie hat auch frohlockt.
2. Zusammensetzungen mit verblassten Nomen wie heim-, irre-, preis-, stand-, teil-, leid-;
   Beispiele: standhalten, irreführen. Im Satz werden diese Zusammensetzungen oft wieder getrennt.
   Beispiel: Der Sportler hielt der Belastung stand.
3. Zusammensetzung aus kleinen Wortbausteinen (Partikeln) und Verb;
   Beispiele: weglaufen, ankommen, zuschauen
4. Zusammensetzungen aus Nomen oder Adjektiven sowie Nomen und Adjektiv;
   Beispiele: Haustür, dummdreist, hellgelb, himmelblau
5. Zusammensetzungen, in denen der erste Bestandteil für eine Wortgruppe steht;
   Beispiele: freudestrahlend – vor Freude strahlend
6. Zusammensetzungen, in denen ein Bestandteil nicht selbstständig vorkommt;
   Beispiele: letztmalig, redselig, vieldeutig
7. Zusammensetzungen mit einem bedeutungsverstärkenden Bestandteil;
   Beispiele: superschlau, todtraurig
8. Zusammensetzungen mit den Wortbausteinen voll-, tot-, fest-;
   Beispiele: vollkommen, festhalten, totlachen

1. In jedem der folgenden Sätze erscheint mindestens eine Zusammensetzung. Unterstreiche diese. Ordne sie einer Nummer aus der Übersicht zu und schreibe die passende Ziffer in das Kästchen.

   [ ] Sie trug heute ein knöchellanges, beigefarbenes Kleid.

   [ ] Der Artist auf dem Hochseil zeigte tollkühne Aktionen.

   [ ] Mit angsterfüllter Stimme rief sie um Hilfe.

   [ ] Die Wahrsagerin gab eine mehrdeutige Auskunft.

   [ ] Reumütig meint sie, dass es ihr leidtut.

   [ ] Er wollte wenigstens alle Projekte vollenden, die er angefangen hatte.

   [ ] Diese Musiksendung fand sie einfach supergut.

   > Hier geht es um Zusammensetzungen: zusammengeschrieben!

2. Die meisten Verbzusammensetzungen sind trennbare Verben, die im Satz bei manchen Verbformen wieder getrennt werden können.
   Bilde dazu mit Verben aus dem Wortspeicher vier einfache Sätze wie im Beispiel.

abändern, loslassen, abfahren, weggehen, herauslaufen

   Sie ändert ihre Darstellung ab.

   _____

3. Kennzeichne jeweils im Kasten mit [u] (untrennbares Verb) und [t] (trennbares Verb).

   [ ] weissagen   [ ] hinzukommen   [ ] weglaufen   [ ] maßregeln   [ ] wetteifern

   [ ] langweilen   [ ] abgeben   [ ] widersprechen   [ ] entgegnen   [ ] übernehmen

© Schöningh 978-3-14-025131-0

■ **Getrennt- und Zusammenschreibung II**

1. Schreibe anstelle der folgenden Wortgruppen (getrennt geschrieben) jeweils eine Zusammensetzung (zusammengeschrieben) auf.

Wortgruppe	Zusammensetzung
einige Meter hoch	*meterhoch*
lang bis zum Knie	
gegenüber Kälte empfindlich	
gegen Hitze beständig	
vom Sport begeistert	
zu jeder Zeit	
unter jeder Bedingung	

2. Getrennt und zusammen – geht dem Adjektiv oder Partizip ein Adjektiv voraus, das die Bedeutung der Verbindung abschwächt oder verstärkt, kannst du getrennt oder zusammenschreiben. Ergänze jeweils die zweite Möglichkeit der Schreibung.

ein allein erziehender Vater   *eine alleinerziehende Mutter*

ein leicht verständliches Buch

                                                             eine kleingeschnittene Zwiebel

                                                             ein frischgebackener Kuchen

gut bezahlte Aushilfskräfte

                                                             ein selbstgestrickter Schal

eine allgemein gültige Anweisung

3. Bei Wortzusammensetzungen wird oft ein Bindestrich gesetzt, z. B. bei Aneinanderreihungen, Abkürzungen, Ziffern. Schreibe die Wörter im Wortspeicher neu auf. Orientiere dich an den Beispielen.

> das Entwederoder, 6 Tonner, CDurTonleiter, 50prozentig, ICEKarte, 4silbig, 50jährig, 8Zylinder, das Sowohlalsauch, PKWKennzeichen, LKWAnhänger

das Entweder-oder, 6-Tonner,

4. Bei Wortzusammensetzungen mit drei gleichen Buchstaben kannst du einen Bindestrich setzen, um das Wort lesbarer zu machen.
Bilde Zusammensetzungen mit drei gleichen Buchstaben, setze einen Bindestrich.

> Metall, Krepp, Schiff, Kunststoff, Kaffee, Tee, Armee, Ballett, Schrott, Schluss, See, Bett

> Tuch, Elefant, Satz, Legierung, Fahrt, Flasche, Ersatz, Einheit, Ecke, Tänzerin, Transport, Papier

die Metall-Legierung,

© Schöningh 978-3-14-025131-0

Modul 8: Getrenn- und Zusammenschreibung II – wann schreibt man zusammen?

Getrennt- und Zusammenschreibung II

1. Bilde mit den folgenden Bausteinen Zusammensetzungen.

-meist, -was, -wer, -ein, -etwas, -wann, -wie, -tiefst		irgend-, zu-

_____

_____

dummer-, hin-, zufälliger-, her-, eben-, keines-, einiger-, west-, aus-, unter-, zu-, bis-

-wegs, -auf, -wärts, -wegs, -falls, -dings, -über, -maßen, -weilen, -weise

_____

_____

2. Die folgenden Wörter der Wortarten Konjunktion und Präposition werden zusammengeschrieben.
Konjunktion: anstatt, sooft, solange, soweit, sobald, sofern
Präposition: anhand, infolge, aufgrund. Ausnahme: aufgrund/auf Grund
Setze jeweils eines der Wörter in die folgenden Sätze ein.

- Auf der Autobahn bei Rostock gab es _____ eines Sandsturms einen außergewöhn-

  lichen Massenunfall.

- Ein solcher Sandsturm entsteht _____ der riesigen flachen Felder.

- Die Autobahn wird wieder freigegeben, _____ die Autowracks weggeräumt und die

  Schäden an der Straße beseitigt sind.

- Es kann weiterhin zu derartigen Sandstürmen auf der Autobahn kommen, _____ diese

  nicht durch Bäume und Buschwerk abgeschirmt sind.

3. Unterstreiche in den Zusammensetzungen die bedeutungsverstärkenden Ausdrücke.

superschlau, schnelllebig, todtraurig, knallhart, grundanständig, uralt, überglücklich, tiefschwarz,
abgrundtief, bitterböse, brandaktuell

4. Bei manchen Zusammensetzungen ist ein Bestandteil kein selbstständiges Wort; deshalb werden
solche Wortverbindungen zusammengeschrieben.
Unterstreiche die nichtselbstständigen Bestandteile der folgenden Zusammensetzungen.

mehrfach, großspurig, mehrdeutig, einäugig, großmütig, schwerstbehindert, letztmalig, kleinmütig

5. Getrennt schreiben und zusammenschreiben? Wird ein Adjektiv mit dem Wort _nicht_ verbunden, kannst
du sowohl getrennt schreiben als auch zusammenschreiben. Ergänze jeweils.

eine nicht öffentliche Gerichtsverhandlung   –   eine nichtöffentliche Gerichtsverhandlung

_____   –   ein nichtbekömmliches Gericht

ein nicht brauchbares Gerät   –   _____

_____   –   eine nichtgenießbare Speise

eine nicht verständliche Anleitung   –   _____

Modul 8: Getrennt- und Zusammenschreibung II – wann schreibt man zusammen?

© Schöningh 978-3-14-025131-0

Getrennt- und Zusammenschreibung II

1. Zusammengeschrieben oder getrennt geschrieben? Die folgenden Verben können je nach Bedeutung als untrennbare oder als trennbare Wortzusammensetzung gebraucht werden.
   Setze jeweils ein. Achte auf die Bedeutungsangabe in der Klammer und auf die Betonung.

   - wiederholen/holt ... wieder:

     Er _____ die Vokabeln. (noch einmal lernen, vertiefen)

     Er _____ den Ball _____. (zurückholen)

   - umfahren/fährt ... um:

     Sie _____ das Hindernis. (um etwas herumfahren)

     Sie _____ den Müllbehälter _____. (gegen etwas stoßen)

   - durchbrechen/bricht ... durch:

     Der Fahrer _____ mit seinem schweren Fahrzeug die Begrenzung. (etwas durchstoßen)

     Er _____ das dünne Holzbrett _____. (etwas in zwei oder mehrere Teile brechen)

   - übersetzen/setzt ... über:

     Sie _____ das Buch. (in eine andere Sprache übertragen)

     Er _____ mit der Fähre _____ den Fluss. (ans andere Ufer gelangen)

2. Wortgruppe und Zusammensetzung? – Bei einigen Schreibweisen kann man selbst entscheiden, ob man diese als Wortgruppe oder als Zusammenfassung auffasst. Schreibe die jeweils andere Schreibweise auf.

Wortgruppe	Zusammensetzung
an Stelle	anstelle
_____	zugunsten
auf Grund	_____
statt dessen	_____
_____	aufseiten
kennen lernen	_____
so dass	_____
zu Grunde gehen	_____
_____	ein nichttrinkbares Produkt
_____	ein frischaufgegossener Kaffee
bleiben lassen	_____
_____	mithilfe
_____	leermachen
leicht bekömmlich	_____

Kurzer Wissenscheck

Getrennt- und Zusammenschreibung II – wann schreibt man zusammen?

1. Ich kann zwischen Getrenntschreibung und Zusammenschreibung unterscheiden.

Kreuze die jeweils richtige Schreibweise an.

☐ Sie will an alten Grundsätzen festhalten.

☐ Sie will an alten Grundsätzen Fest halten.

☐ Sie will an alten Grundsätzen fest halten.

☐ Sie hat zuerst immer widersprochen.

☐ Sie hat zuerst immer wider sprochen.

☐ Wird er dieser Belastung standhalten?

☐ Wird er dieser Belastung Stand halten?

☐ Wird er dieser Belastung stand halten?

☐ Ihre Worte waren vieldeutig.

☐ Ihre Worte waren viel deutig.

☐ Wird er das Geheimnis preisgeben?

☐ Wird er das Geheimnis Preis geben?

☐ Wird er das Geheimnis preis geben?

☐ Er gilt als super schlau.

☐ Er gilt als superschlau.

☐ Heute wird sie ankommen.

☐ Heute wird sie an kommen.

☐ Dies hat ihm richtig leid getan.

☐ Dies hat ihm richtig leidgetan.

☐ Dies hat ihm richtig Leid getan.

2. Ich kann eine Wortgruppe in eine Zusammensetzung umformen und umgekehrt.

Forme jeweils in die andere Form um: einmal getrennt geschrieben, einmal zusammengeschrieben.

Wortgruppe (getrennt geschrieben)	Zusammensetzung (zusammengeschrieben)
gegen Kälte beständig	
	computergesteuert
	schreckensstarr
von Musik begeistert	
vor dem Wind geschützt	

3. Ich kann Wortgruppen erkennen, die getrennt geschrieben werden.

Unterstreiche in jedem Satz die Wortgruppe, schreibe diese in der üblichen Form auf.

• MANMUSSNICHTANGSTHABEN,WENNMANZUMERSTENMALMITDEMFLUGZEUGVERREIST.

_____

• WIRWERDENIMNÄCHSTENJAHRWIEDERZUSAMMENVERREISEN.

_____

• BEISCHÖNEMWETTERISTESGENAUSOSCHÖN,HIERURLAUBZUMACHEN.

_____

© Schöningh 978-3-14-025131-0

Lösungen

Zusammen- und Getrenntschreibung II – wann schreibt man zusammen?

Basismaterial (S. 59)

1. (4.) Sie trug heute ein <u>knöchellanges</u>, <u>beigefarbenes</u> Kleid.
   (7.) Der Artist auf dem Hochseil zeigte <u>tollkühne</u> Aktionen.
   (4.) Mit <u>angsterfüllter</u> Stimme rief sie um Hilfe.
   (6.) Die Wahrsagerin gab eine <u>mehrdeutige</u> Auskunft.
   (2.) Reumütig meint sie, dass es ihr <u>leidtut</u>.
   (8.) Er wollte wenigstens alle Projekte <u>vollenden</u>, die er angefangen hatte.
   (7.) Diese Musiksendung fand sie einfach <u>supergut</u>.
2. Beispiele: Er lässt sie nicht los. Sie fährt heute noch ab. Sie gehen weg. Er läuft heraus.
3. (u) weissagen; (t) hinzukommen; (t) weglaufen; (u) maßregeln; (u) wetteifern; (u) langweilen; (t) abgeben; (u) widersprechen; (u) entgegnen; (u) übernehmen

Differenzierungsmaterial 1 (S. 60)

1. lang bis zum Knie – knielang//gegenüber Kälte empfindlich – kälteempfindlich//gegen Hitze beständig – hitzebeständig//vom Sport begeistert – sportbegeistert//zu jeder Zeit – jederzeit//unter jeder Bedingung – bedingungslos
2. ein leichtverständliches Buch//eine klein geschnittene Zwiebel//ein frisch gebackener Kuchen// gutbezahlte Ausbildungskräfte//ein selbst gestrickter Schal//eine allgemeingültige Anweisung
3. C-Dur-Tonleiter, 50-prozentig, ICE-Karte, 4-silbig, 50-jährig, 8-Zylinder, das Sowohl-als-auch, PKW-Kennzeichen, LKW-Anhänger
4. das Krepp-Papier, die Schiff-Fahrt, die Kunststoff-Flasche, der Kaffee-Ersatz, die Tee-Ecke, die Armee-Einheit, die Ballett-Tänzerin, der Schrott-Transport, der Schluss-Satz, der See-Elefant, das Bett-Tuch

Differenzierungsmaterial 2 (S. 61)

1. Beispiele:
   - irgendwas, irgendwer, irgendein, irgendetwas, irgendwann, irgendwie//zumeist, zutiefst
   - dummerweise, hinauf, zufälligerweise, herüber, ebenfalls, keineswegs, einigermaßen, westwärts, auswärts, unterwegs, zuweilen, bisweilen
2. infolge, aufgrund/auf Grund, sobald, solange
3. <u>super</u>schlau, <u>schnell</u>lebig, <u>tod</u>traurig, <u>knall</u>hart, <u>grund</u>anständig, <u>ur</u>alt, <u>über</u>glücklich, <u>tief</u>schwarz, <u>abgrund</u>tief, <u>bitter</u>böse, <u>brand</u>aktuell
4. mehr<u>fach</u>, groß<u>spurig</u>, mehr<u>deutig</u>, ein<u>äugig</u>, groß<u>mütig</u>, <u>schwerst</u>behindert, letzt<u>malig</u>, klein<u>mütig</u>
5. ein nicht bekömmliches Gericht, ein nichtbrauchbares Gerät, eine nicht genießbare Speise, eine nichtverständliche Anleitung

Differenzierungsmaterial 3 (S. 62)

1. • Er **wiederholt** die Vokabeln. Er **holt** den Ball **wieder.**
   • Sie **umfährt** das Hindernis. Sie **fährt** den Müllbehälter **um**.
   • Der Fahrer **durchbricht** mit seinem schweren Fahrzeug die Begrenzung. Er **bricht** das dünne Holzbrett **durch**.
   • Sie **übersetzt** das Buch. Er **setzt** mit der Fähre **über** den Fluss.
2. zu Gunsten – zugunsten; auf Grund – aufgrund; statt dessen – stattdessen; auf Seiten – aufseiten; kennen lernen – kennenlernen; so dass – sodass; zu Grunde gehen – zugrunde gehen; ein nicht trinkbares Produkt – ein nichttrinkbares Produkt; ein frisch aufgegossener Kaffee – ein frischaufgegossener Kaffee; bleiben lassen – bleibenlassen; mit Hilfe – Mithilfe; leer machen – leermachen; leicht bekömmlich – leichtbekömmlich

Kurzer Wissenscheck (S. 63)

1. Richtig sind: Sie will an alten Grundsätzen festhalten.//Sie hat zuerst immer widersprochen.//Wird er dieser Belastung standhalten?//Ihre Worte waren vieldeutig.//Wird er das Geheimnis preisgeben?//Er gilt als superschlau.//Heute wird sie ankommen.//Dies hat ihm richtig leidgetan.
2. kältebeständig//vom Computer gesteuert//starr vor Schrecken//musikbegeistert//windgeschützt
3. • MANMUSSNICHTANGSTHABEN,WENNMANZUMERSTENMALMITDEMFLUGZEUGVERREIST. **(Angst haben)**
   • WIRWERDENIMNÄCHSTENJAHRWIEDERZUSAMMENVERREISEN. **(zusammen verreisen)**
   • BEISCHÖNEMWETTERISTESGENAUSOSCHÖN,HIERURLAUBZUMACHEN. **(genauso schön)**

© Schöningh 978-3-14-025131-0

Modul 9: Fremdwörter

Fremdwörter sind ins Deutsche übernommene Wörter, die ursprünglich aus anderen Sprachen stammen. Zur **Schreibweise** von Fremdwörtern gibt es einige **wichtige Grundsätze**:

1. Es wird für den [z]- und [k]-Laut selten tz und ck geschrieben: Ski**zz**e, Noti**z**, Physi**k**, Kriti**k**.
2. Für das lang ausgesprochene i im Inlaut wird meistens i geschrieben: K**i**se, P**i**se. In Wortendungen gibt es dagegen oft ie: Industr**ie**, kritis**ie**ren, Textil**ie**n.
3. Es gibt häufig Doppelkonsonanten: a**pp**ellieren, E**ll**ipse.
4. Am Anfang wird häufig c statt k geschrieben: **C**afé, **C**arport, **C**amping.
5. Oft wird y statt ü geschrieben: Ph**y**sik, L**y**rik, T**y**p.
6. Bei lang ausgesprochenem Vokal wird selten ein Dehnungs-h geschrieben: Pers**o**n, Trib**ü**ne, Lekt**ü**re.
7. Häufig wird v (statt w bzw. f) geschrieben: **V**anille, akti**v**, Re**v**olution.
8. In Fremdwörtern griechischen Ursprungs gibt es häufig die Konsonanten th, ph und rh: **Ph**iloso**ph**, **Rh**etorik, **Th**ese, R**h**ythmus.
9. Viele Fremdwörter kannst du in der ursprünglichen Version oder in einer modernen, verdeutschten Fassung schreiben: Photo – Foto, Delphin – Delfin, Panther – Panter.

Man unterscheidet vor allem:

- Fremdwörter aus dem Griechischen und Lateinischen: die Strophe, das Thema, die Definition, der Bazillus.
- Fremdwörter aus dem Französischen: die Allee, das Engagement, die Toilette.
- Fremdwörter aus dem Englischen: der Computer, der Fan, der Manager, das Team.

1. Ordne für die jeweilige Fremdwortreihe die entsprechenden Hilfen aus dem Kasten zu. Schreibe die entsprechende Nummer in das Kästchen.

   ☐ die Skizze, die Lyrik, aktiv, die Physik, der Terrazzo

   ☐ sympathisch, die Lyrik, die Physik, die Synthese, das Asyl

   ☐ spionieren, absolvieren, Textilien, studieren

   ☐ der Apostroph, der Athlet, die Methode, der Rhythmus, die Metapher

   ☐ passiv, die Revolution, das Ventil, demonstrativ

   ☐ die Botanik, die Dramatik, die Notiz, die Mimik

   ☐ der Panter oder der Panther, das Saxofon oder das Saxophon

2. Ordne den Fremdwörtern ihre Bedeutungsbeschreibungen zu. Trage den entsprechenden Buchstaben in das Kästchen ein.

   ☐ Pharao ☐ Asphalt ☐ Vampir ☐ Advent ☐ Katastrophe ☐ Physik

   ☐ Atmosphäre ☐ Phobie ☐ Priorität ☐ Prognose ☐ progressiv ☐ Aktie

   a) Wertpapier b) fortschrittlich c) Vorrang d) Vorhersage e) altägyptischer Gottkönig f) unabwendbares großes Unheil g) die Erde umgebende Lufthülle h) Straßenbelag i) vorweihnachtliche Zeit j) nächtliches Fabelwesen k) krankhafter Angstzustand l) Lehre von den unbelebten Dingen der Natur

3. Die folgende Wörterschlange enthält Fremdwörter mit i. Schreibe sie in deinem Heft auf.

   KLPRISEDKFJUSTIZLDPBENZINADDISZIPLINFGHKROKODILDFGKLIMAFGLAWINEFMANDARINE

Fremdwörter

1. Dies sind häufig gebrauchte Fremdwörter. Schreibe sie nach dem Alphabet geordnet in dein Heft. Setze bei den Nomen den bestimmten Artikel davor.

Turbine, Apparat, Alphabet, Kathedrale, Diskussion, Margarine, programmieren, Annonce, Maschine, interessant, Bibliothek, Garage, Definition, fotogen, Aktie, Produktion, Demokratie, Rhythmus, Physik, Lyrik, Mathematik, Metapher, Abonnement, naiv, perfekt, analysieren, Ethik, konsequent, Charakter

2. Die folgenden eingedeutschten Wörter stammen ursprünglich aus einer anderen Sprache. Schreibe die ursprüngliche, ebenfalls erlaubte Schreibweise auf: ph für f, th für t, ch am Anfang für sch.

der Delfin – _der Delphin_____ , die Fotografie – _____ ,

die Geografie – _____ , die Grafik – _____ ,

der Panter – _____ , das Mikrofon – _____ .

3. In vielen Fremdwörtern wird w oder f gesprochen und v geschrieben. Schreibe jeweils ein verwandtes Wort auf.

Vatikan → _Vatikanstaat_____ , Vanille → _____ ,

Violine → _____ , Provinz → _____ ,

Kurve → _____ , Verb → _____ ,

Vulkan → _____ , Vokal → _____ ,

naiv → _____ , intensiv → _____ ,

provokativ → _____ , passiv → _____ .

4. Suche jeweils verwandte Wörter zu der angegebenen Wortart.

Nomen	Verb	Adjektiv
die Politur	_polieren_____	
das Abonnement	_____	
der Charakter	_____	_____
der Rhythmus		_____
das Genie		_____
die Spionage	_____	
der Kontrolleur	_____	
der Friseur	_____	
der Kontakt	_____	_____
die Musik	_____	_____

Differenzierungsmaterial 2

■ Fremdwörter

1. Silbenrätsel: Die Lösungswörter setzen sich aus folgenden Silben zusammen.

ELE VUL FA STRO KAN GRAPH SIL SAN VES TER PHE
FANT PHY PA RA LIST SIK JOUR NA CHA TER RAK

großes Säugetier – _____, letzter Tag des Jahres – _____,

Berichterstatter – _____, Feuer speiender Berg – _____,

Liedteil – _____, Hühnervogel – _____, Abschnitt bei

einem Gesetzestext – _____, Naturwissenschaft – _____,

Persönlichkeit – _____

2. Fremdwörter darf man in der Regel in ihrer ursprünglichen, fremdsprachlichen Schreibweise schreiben. Etliche Fremdwörter sind inzwischen eingedeutscht; man darf diese auch in der modernen Fassung schreiben, und zwar: ph wird zu f, gh wird zu g, th wird zu t, c wird zu k, ou wird zu u, qu wird zu k. Schreibe die deutsche Schreibweise auf.

Paragraph → _____, Spaghetti → _____,

Club → _____, Panther → _____,

Photographie → _____, Cousine → _____,

Phantasie → _____, Joghurt → _____.

3. Kreuze jeweils die richtige(n) Schreibweise(n) an.

☐ Photo ☐ Metapher ☐ Lyrik ☐ Installatör
☐ Foto ☐ Metaffer ☐ Lürick ☐ Installateur
☐ Pfoto ☐ Metafer ☐ Lürik ☐ Instalateur

☐ Mattematick ☐ Chemie ☐ Fysick ☐ Appell
☐ Mathematik ☐ Chehmi ☐ Physik ☐ Apel
☐ Mattematick ☐ Chemieh ☐ Physick ☐ Apell

4. Streiche jeweils die falsche Schreibweise durch.

Am letzten Dienstag fand in der überfüllten Aula des hiesigen Gymnasiums/Gümnasiums die Premiere/Premiäre zu der neuesten Theaterinszenierung/Teaterinszenirung der Leienspielgruppe/Laienspielgruppe statt. Die sümpatische/sympathische Hauptdarstellerin konnte mit ihren langen Textpassagen/Textpassaschen in excelenter/exzellenter Weise brilieren/brillieren. Niemals verhedderte sie sich in den metaphernreichen/metaffernreichen Formulierungen, nie kam sie aus dem Rhythmus/Rüthmus. Die pohsitive/positive Atmosfähre/Atmosphäre bestärkte zudem die jungen Aktöre/Akteure. Die Laienschauspieler/Leihenschauspieler haben ihre Feuerprobe mit Bravuhr/Bravour/Bravuur gemeistert.

Kurzer Wissenscheck

Fremdwörter

1. Ich kenne wichtige Hilfen für die Schreibung von Fremdwörtern.

Kreuze die richtigen Aussagen an.

☐ 1. Fremdwörter können in aller Regel auch in ihrer ursprünglichen fremdsprachigen Form geschrieben werden.

☐ 2. Alle Fremdwörter können in einer deutschen Form geschrieben werden.

☐ 3. Etliche Fremdwörter können in einer modernen, eingedeutschten Form geschrieben werden.

☐ 4. In Fremdwörtern wird häufig ck und tz geschrieben.

☐ 5. In Fremdwörtern wird häufig ü statt y geschrieben.

☐ 6. In Fremdwörtern griechischen Ursprungs wird häufig th, rh und ph geschrieben.

☐ 7. In Fremdwörtern wird das lang ausgesprochene [i] im Inlaut häufig i geschrieben.

2. Ich habe mir bei häufig gebrauchten Fremdwörtern die richtige Schreibweise eingeprägt.

Kreuze die richtige(n) Schreibweise(n) an. In sechs der Beispiele sind zwei Schreibweisen möglich.

☐ Katasthrofe   ☐ Microvon   ☐ Geographie   ☐ Biografie

☐ Katastrove   ☐ Mikrofon   ☐ Geografie   ☐ Biographie

☐ Katastrophe   ☐ Mikrophon   ☐ Geogravie   ☐ Bioghrafie

☐ Fotograf   ☐ Panther   ☐ Demokratie   ☐ Kriese

☐ Fotograph   ☐ Phanter   ☐ Demokrati   ☐ Krise

☐ Photograph   ☐ Panter

☐ Spagetti   ☐ Prognose   ☐ Applaus   ☐ progressif

☐ Spaghetti   ☐ Prognohse   ☐ Aplauß   ☐ progressiv

3. Ich weiß, dass für den alltäglichen Sprachgebrauch die Regel gilt, Fremdwörter wenn möglich zu vermeiden.

Ersetze in den folgenden Sätzen das Fremdwort jeweils durch ein deutsches Wort. Schreibe darüber.

augenblickliche
Unsere momentane Situation erfordert eine besondere Anstrengung aller Mitarbeiter.

Seine Wünsche für die Zukunft ließen sich noch nicht realisieren.

Wer annehmbare Vorschläge offerieren möchte, sollte sich melden.

Er begann die Besprechung damit, seine persönlichen Probleme zu thematisieren.

© Schöningh 978-3-14-025131-0

Lösungen

Fremdwörter

Basismaterial (S. 66)

1. 1., 5., 2., 8., 7., 1., 9.
2. Zuordnung: Pharao (e), Asphalt (h), Vampir (j), Advent (i), Katastrophe (f), Physik (l), Atmosphäre (g), Phobie (k), Priorität (c), Prognose (d), progressiv (b), Aktie (a)
3. Prise, Justiz, Benzin, Disziplin, Krokodil, Klima, Lawine, Mandarine

Differenzierungsmaterial 1 (S. 67)

1. Abonnement, Aktie, Alphabet, analysieren, Annonce, Apparat, Bibliothek, Charakter, Definition, Demokratie, Diskussion, Ethik, fotogen, Garage, interessant, Kathedrale, konsequent, Lyrik, Margarine, Maschine, Mathematik, Metapher, naiv, perfekt, Physik, Produktion, programmieren, Rhythmus, Turbine
2. die Fotografie – die Photographie; die Geografie – die Geographie; die Grafik – die Graphik, der Panter – der Panther; das Mikrofon – das Mikrophon
3. Vanille → Vanillepudding; Violine → Violinkonzert; Provinz → provinziell; Kurve → kurvenreich; Verb → verbal; Vulkan → Vulkanausbruch; Vokal → Vokalverdopplung; naiv → Naivität; intensiv → Intensität; provokativ → Provokation; passiv – Passivraucher
4. Beispiele:
   das Abonnement – abonnieren; der Charakter – charakterisieren, charakteristisch; der Rhythmus – rhythmisch; das Genie – genial; die Spionage – spionieren; der Kontrolleur – kontrollieren; der Friseur – frisieren; der Kontakt – kontaktieren, kontaktscheu; die Musik – musizieren, musikalisch

Differenzierungsmaterial 2 (S. 68)

1. großes Säugetier – Elefant; letzter Tag des Jahres – Silvester; Berichterstatter – Journalist; Feuer speiender Berg – Vulkan; Liedteil – Strophe; Hühnervogel – Fasan; Abschnitt bei einem Gesetzestext – Paragraph; Naturwissenschaft – Physik, Persönlichkeit – Charakter
2. Paragraph – Paragraf; Spaghetti – Spagetti; Club – Klub; Panther – Panter; Photographie – Fotografie; Cousine – Kusine; Phantasie – Fantasie; Joghurt – Jogurt
3. Richtig sind: Foto/Photo, Metapher, Lyrik, Installateur, Mathematik, Chemie, Physik, Appell
4. Am letzten Dienstag fand in der überfüllten Aula des hiesigen **Gymnasiums** die **Premiere** zu der neuesten **Theaterinszenierung** der **Laienspielgruppe** statt. Die **sympathische** Hauptdarstellerin konnte mit ihren langen **Textpassagen** in **exzellenter** Weise **brillieren**. Niemals verhedderte sie sich in den **metaphernreichen** Formulierungen, nie kam sie aus dem **Rhythmus**. Die **positive Atmosphäre** bestärkte zudem die jungen **Akteure**. Die **Laienschauspieler** haben ihre Feuerprobe mit **Bravour** gemeistert.

Kurzer Wissenscheck (S. 69)

1. richtig sind: 1., 3., 6., 7.
2. Richtig geschrieben sind: Katastrophe, Mikrofon/Mikrophon, Geographie/Geografie, Biografie/Biographie, Fotograf/Photograph, Panther/Panter, Demokratie, Krise, Spagetti/Spaghetti, Prognose, Applaus, progressiv
3. ... noch verwirklichen; ... anbieten möchte; ... seine persönlichen Probleme zu benennen

Modul 10: Kommasetzung I: Aufzählungen, Einschübe und Anreden

1. Sprachgefühl und Bedeutung im Satz

1.1 Bei der Kommasetzung hilft oft das Sprachgefühl und deutliches, betontes Sprechen. Beim Mitsprechen machst du oft eine kurze Pause und hältst die Stimme an; hier steht oft ein Komma.

1.2 Bei der Kommasetzung spielt manchmal auch die Bedeutung eine Rolle.
Beispiel: Der Spieler, sagt der Trainer, sei schlecht. Der Spieler sagt, der Trainer sei schlecht.

2. Kommaregeln

2.1 Komma bei Aufzählungen; vor den reihenden Konjunktionen *und, oder, sowie, weder ... noch, sowohl ... als auch, entweder ... oder* steht in der Regel kein Komma.

2.2 Komma bei Einschüben, Zusätzen, nachgeschobenen Erklärungen.
Beispiele: Jakob, **mein Freund**, kommt auch mit. Heute besucht mich eine Freundin, **nämlich Marie**.

2.3 Komma bei entgegenstellenden Konjunktionen: aber, sondern, doch.
Beispiel: Tim kommt mit, **aber** nicht Moritz.

2.4 Komma trennt Ausrufe, Anreden, Bejahungen, Verneinungen, Bekräftigungen vom übrigen Satz ab. Beispiele: **Nein**, ich komme nicht! Komm doch mit, **Rosa**!

---

1. Setze in den folgenden Sätzen die Kommas nach deinem Sprachgefühl. Die Anzahl der Kommas steht in der Klammer.

   - Lisa meine beste Freundin hat mich sehr enttäuscht. (2)
   - Wolltest du gestern nicht vorbeikommen Celine? (1)
   - Nein das kannst du nicht von mir verlangen Ricardo. (2)
   - Gegen zehn Uhr abends es war schon dunkel war das Theaterstück zu Ende. (2)
   - Miriam Roberto Lisa und Paolo wollen gemeinsam eine Radtour machen. (2)
   - Als Moritz ankam war Emmi schon gegangen. (1)

2. Verändere mit dem Komma jeweils die Bedeutung des Satzes.
   Beispiel: Daniel, behauptet Jens, sei doof. Daniel behauptet, Jens sei doof.

   - Robert sagt Miguel sei der Beste.
     Robert sagt Miguel sei der Beste.
   - Tom holt die Medaille beim Sportfest nicht aber Emmi.
     Tom holt die Medaille beim Sportfest nicht aber Emmi.
   - Er verbietet ihr solche Witze zu erzählen.
     Er verbietet ihr solche Witze zu erzählen.
   - Er versprach heute Abend mit ihr ins Kino zu gehen.
     Er versprach heute Abend mit ihr ins Kino zu gehen.

3. In den folgenden Sätzen sind die Kommas gesetzt. Schreibe in das Kästchen jeweils die Nummer der Hilfe 2.1–2.4.

   [ ] Er will mitmachen, aber nicht mehr lange.

   [ ] Ja, natürlich komme ich mit!

   [ ] Karo, ein Mädchen aus Klasse 8b, kommt auch zu der Fete.

   [ ] Lass dich doch nicht immer so lange bitten, Franzi!

   [ ] Tom, mein Freund aus der Klasse 8b, will mir die Matheaufgaben erklären.

© Schöningh 978-3-14-025131-0

▪ Kommasetzung I: Aufzählungen, Einschübe und Anreden

1. Entscheide nach deinem Sprachgefühl, ob an der angegebenen Stelle ein Komma steht oder nicht; sprich dazu die Sätze beim Lesen halblaut mit. Streiche die Klammer durch oder setze ein Komma in die Klammer.

Ich weiß (   ) nicht weiter (   ) Herr Kramer.
Er läuft schneller (   ) als alle anderen.
Nein (   ) das sage ich dir (   ) jetzt nicht.
Heute geht er (   ) mit Lotta zur Schwimmparty.
Sehr geehrter Herr Lüders (   ) ich möchte mich für mein gestriges Fehlen entschuldigen.
Felix (   ) kannst du mir mal dein Lineal leihen?
Wolltest du gestern (   ) nicht kommen (   ) Ricardo?
Ich gehe jetzt (   ) aber diesmal für immer.
Komm (   ) ich zeige dir (   ) etwas ganz Tolles.
Tim will mitkommen (   ) doch Nelli nicht.
Max will zwar kommen (   ) aber noch nicht so früh.

2. Verändere jeweils die Bedeutung des Satzes, indem du das Komma an unterschiedliche Stellen setzt. Sprich beim Lesen halblaut mit; erprobe Betonung und Pausen. Bei einem Satzpaar kann man nur ein Komma setzen.

- Tim sagt Emmi habe heute schlechte Laune.
  Tim sagt Emmi habe heute schlechte Laune.
- Er verspricht im Urlaub häufig an sie zu schreiben.
  Er verspricht im Urlaub häufig an sie zu schreiben.
- Sie tat es nicht ich.
  Sie tat es nicht ich.
- Jetzt reicht es Frau Neudecker.
  Jetzt reicht es Frau Neudecker.
- Sie versprach dem Jungen sofort zu helfen.
  Sie versprach dem Jungen sofort zu helfen.
- Verlieren wirst du nicht gewinnen.
  Verlieren wirst du nicht gewinnen.
- Ich freue mich auch wenn du mir nur eine Karte schreibst.
  Ich freue mich auch wenn du mir nur eine Karte schreibst.

3. Wenn der Begleitsatz nicht am Anfang steht, wird er von der wörtlichen Rede durch Komma getrennt. Ergänze in den folgenden Witzen die fehlenden Kommas; im ersten sind es fünf, im zweiten vier.

a) „Mein Hund ist unheimlich klug" prahlt Jakob „wenn ich ihm zwei Euro gebe, geht er zwei Eis kaufen." „Das stimmt gar nicht. Ich habe ihm fünf Euro gegeben und er ist immer noch nicht zurück" erwidert Emmi. „Das ist ja auch kein Wunder" antwortet Jakob „für fünf Euro geht der doch ins Kino."

b) Felix soll geimpft werden. Der wehrt sich mit Händen und Füßen. „Ich will nicht. Lassen sie mich sofort los!" schreit er.
„Weißt du denn eigentlich, wogegen du geimpft werden sollst?" fragt ihn die entnervte Sprechstunden-hilfe. „Na klar" schreit Felix „gegen meinen Willen!"

Kommasetzung I: Aufzählungen, Einschübe und Anreden

1. In den folgenden Sätzen fehlt jeweils ein Komma. Setze es nach Gefühl; sprich dazu die Sätze beim Lesen halblaut mit; beachte Pausen und Betonung.

Das gehört nicht dir sondern mir.
Nein das gebe ich dir nicht.
Nun lass mich doch endlich mal in Ruhe Jannik.
Kommst du auch mit Boris?
Nelli die kleine Dunkelhaarige aus der 7a hat Ben aus der 8c ein Briefchen zugesteckt.
Ich habe heute Zeit aber nicht vor drei.
So jetzt reicht es aber.
Herr Berend unser Klassenlehrer fährt mit uns ins Schullandheim auf Norderney.
Wir können gerne darüber reden aber heute nicht.

2. Setze in den folgenden Satzpaaren an jeweils unterschiedlicher Stelle das Komma und verändere damit die Bedeutung des Satzes.

- Er gelobte ihr treu zu sein.
  Er gelobte ihr treu zu sein.
- Alexandra versprach ihm jetzt zuzuhören.
  Alexandra versprach ihm jetzt zuzuhören.
- Er beschloss heute seine Heimreise anzutreten.
  Er beschloss heute seine Heimreise anzutreten.
- Sie verbietet ihm solche Unverschämtheiten zu sagen.
  Sie verbietet ihm solche Unverschämtheiten zu sagen.
- Kate verkündet William habe wieder die ganze Mathearbeit abgeschrieben.
  Kate verkündet William habe wieder die ganze Mathearbeit abgeschrieben.

3. Setze jeweils das Komma. Kennzeichne im Kästchen:
a Einschub, b Bejahung, c Verneinung, d Ausruf, e Aufzählung, f Anrede, g nachgeschobene Erklärung, h entgegenstellende Konjunktion.

☐ Du kannst mir ja durchaus widersprechen aber bitte nicht in dieser Form.

☐ Boris ein Freund aus der Nachbarschaft hatte gestern mit seinem Fahrrad einen Unfall.

☐ Ich wünsche, dass ihr alle kommt und zwar pünktlich.

☐ Ja ich komme mit!

☐ Meine kleine Nichte hat gestern ihren ersten Schwimmschein erworben nämlich das Seepferdchen.

☐ Die Klassen 8c und 8d wollen nach den Sommerferien entweder in das Schullandheim auf Norderney in eine Jugendherberge im Sauerland oder in ein Jugendheim an der Donau fahren.

☐ Malena hat in den vergangenen Sommerferien eine nordfriesische Insel und zwar Amrum kennengelernt.

☐ Oh das habe ich jetzt ganz vergessen.

☐ Komm sei wieder lieb!

☐ Nein ich stimme nicht zu!

☐ Das hätte ich nicht von dir gedacht Pedro.

Modul 10: Kommasetzung I: Aufzählungen, Einschübe und Anreden

■ **Kommasetzung I: Aufzählungen, Einschübe und Anreden**

1. Steht der Begleitsatz der wörtlichen Rede nicht am Anfang, so ist zwischen Begleitsatz und wörtlicher Rede ein Komma zu setzen.
Setze entsprechend in den folgenden Witzen die fehlenden Kommas.

- Eine Dame kauft einen Trinknapf für ihren Hund. „Möchten Sie den Trinknapf mit der Aufschrift ‚Für den Hund‘?" fragt der nette Verkäufer. „Nein danke, das ist nicht nötig" erwidert die Dame „mein Mann trinkt kein Wasser und mein Hund kann das sowieso nicht lesen." (drei Kommas)
- Ein Punkermädchen kommt mit einem Arm voll schriller Textilien zur Kasse. „Kann ich die Klamotten umtauschen" fragt sie „falls sie meinen Eltern gefallen sollten?" (zwei Kommas)
- „Papa, kannst du mir sagen, wo die Bahamas liegen?" fragt Boris seinen Vater. „Junge, woher soll ich das wissen?" antwortet der Vater „deine Mutter räumt immer alles so gut weg, dass es kein Mensch mehr wiederfindet." (drei Kommas)
- Britta, Hendrik und Tom gehen nach Hause. „Was machen wir heute Nachmittag?" fragt Britta. „Wir werfen eine Münze" sagt Tom „bei Zahl gehen wir schwimmen, bei Adler ins Kino." „Und wenn die Münze auf dem Kopf stehen bleibt, machen wir zusammen Hausaufgaben" ergänzt Hendrik. (vier Kommas)

2. Kennzeichne im Kästchen mit dem entsprechenden Buchstaben:
a Aufzählung, b Einschub, c entgegenstellende Konjunktion, d nachgeschobene Erklärung, e Anrede,
f Begleitsatz bei wörtlicher Rede, g Bejahung, h Verneinung, i Ausruf.

☐ Hanna T. Schülerin der Klasse 7a hat auf dem Sportfest die höchste Punktzahl erreicht.

☐ Moritz kommst du morgen auch mit?

☐ Rosi sagt Tim die Meinung weil er dauernd stört weil sie das aufregt und weil sie nicht mitkriegt, was im Unterricht passiert.

☐ Er will auf sie warten doch nicht lange.

☐ Nein da kann ich nicht mitmachen!

☐ Das Redaktionsteam trifft sich heute nach der Schule und zwar um 14 Uhr.

☐ Sofia die Schulsprecherin bittet um Mithilfe bei der Vorbereitung des Schulfestes.

☐ Die beiden Freundinnen wollen heute etwas unternehmen zum Beispiel ins Kino gehen.

☐ Hallo könnten Sie mal kurz kommen?

☐ Sie aus vollem Halse lachend reagiert auf seine witzige Bemerkung.

☐ Kati Tims Freundin flirtet auf der Party mit Lars.

☐ „Du könntest mich" meinte Luisa zu Mark „um 18.30 Uhr abholen."

☐ Ja ich komme auch zur Fete.

☐ Ihr könnt alle kommen aber nicht mit mieser Laune.

☐ Toni Max Bürgin und Ben wollen alles für die Fete vorbereiten: Musik Grillwürstchen Limo.

☐ Zwei Mitschülerinnen wollen den Raum schmücken nämlich Emmi und Ines.

☐ Zu dieser Fete sind sowohl Schüler aus der 7b der 8a als auch einige wenige Schülerinnen aus der 8c eingeladen.

Kurzer Wissenscheck

Kommasetzung I: Aufzählungen, Einschübe und Anreden

1. Ich habe mir wichtige Grundsätze und Regeln zur Kommasetzung gemerkt.

Kreuze die richtigen Aussagen an.

- [ ] 1. Sorgfältiges Sprechen und Betonen können bei der Kommasetzung helfen.
- [ ] 2. Bei der Kommasetzung spielt manchmal auch die Bedeutung eine wichtige Rolle.
- [ ] 3. Bei der wörtlichen Rede wird nie ein Komma gesetzt.
- [ ] 4. Zwischen dem Begleitsatz und der wörtlichen Rede steht immer ein Komma, wenn der Begleitsatz vorausgeht.
- [ ] 5. Wenn der Begleitsatz nicht am Anfang steht, muss zwischen Begleitsatz und wörtlicher Rede ein Komma gesetzt werden.
- [ ] 6. Bei Aufzählungen von Wörtern, Wortgruppen und Sätzen steht kein Komma vor reihenden Konjunktionen wie *und, oder, sowohl ... als auch*
- [ ] 7. Vor entgegenstellenden Konjunktionen wie *aber, doch, sondern* steht in der Regel ein Komma.
- [ ] 8. Einschübe und nachgeschobene Erklärungen im Satz werden durch Komma vom übrigen Satz abgetrennt.
- [ ] 9. Anreden und Ausrufe im Satz werden nie durch Komma abgetrennt.

2. Ich kann entscheiden, an welcher Stelle bei der wörtlichen Rede Kommas zu setzen sind.

Setze in den folgenden Witzen die fehlenden Kommas.

- Beim Abendessen will Timo seinem Vater unbedingt etwas sagen. „Nein, jetzt nicht, Timo" sagt der Vater „ich unterhalte mich gerade mit deiner Mutter." Schließlich darf Timo sprechen. „Nun ist es zu spät, Papa" meint er „die Schnecke auf dem Salat hast du gerade schon gegessen."
- Der fünfjährige Max hat bis heute kaum gesprochen. „Verdammt, wo ist das Salz?" brüllt er urplötzlich beim Mittagessen. „Junge, du sprichst ja plötzlich so viel!" freuen sich die erstaunten Eltern. „Bisher war doch auch alles in Ordnung" meint Max daraufhin.

3. Ich kann bei Aufzählungen, Einschüben, Bejahungen, Verneinungen, Zusätzen, Ausrufen und Anreden das Komma richtig setzen.

Setze in den Sätzen jeweils das Komma oder die Kommas; die Anzahl der Kommas steht jeweils in der Klammer hinter dem Satz.

- Sven er ist mein Freund hat mich gestern enttäuscht. (2)
- Na wie geht es? (1)
- Hör mal zu Ben das geht jetzt wirklich zu weit. (2)
- Silke laut lachend kam in der Pause auf mich zu. (2)
- Sie spielt jede Woche einmal Squash nämlich montags. (1)
- Darauf sie zu treffen war sie nicht vorbereitet. (2)
- Nina spielt in dem heutigen Spiel mit aber diesmal ohne großes Engagement. (1)
- Unmöglich das kann man nicht machen! (1)

© Schöningh 978-3-14-025131-0

Lösungen

Kommasetzung I: Aufzählungen, Einschübe und Anreden

Basismaterial (S. 71)

1. • Lisa, meine beste Freundin, hat mich sehr enttäuscht. (2)
   • Wolltest du gestern nicht vorbeikommen, Celine? (1)
   • Nein, das kannst du nicht von mir verlangen, Ricardo. (2)
   • Gegen zehn Uhr abends, es war schon dunkel, war das Theaterstück zu Ende. (2)
   • Miriam, Roberto, Lisa und Paolo wollen gemeinsam eine Radtour machen. (2)
   • Als Moritz ankam, war Emmi schon gegangen. (1)
2. • Robert sagt, Miguel sei der Beste. Robert, sagt Miguel, sei der Beste.
   • Tom holt die Medaille beim Sportfest, nicht aber Emmi. Tom holt die Medaille beim Sportfest nicht, aber Emmi.
   • Er verbietet, ihr solche Witze zu erzählen. Er verbietet ihr, solche Witze zu erzählen.
   • Er versprach, heute Abend mit ihr ins Kino zu gehen. Er versprach heute Abend, mit ihr ins Kino zu gehen.
3. Nummern der Hilfe: 2.3; 2,4; 2.2; 2.4; 2.2

Differenzierungsmaterial 1 (S. 72)

1. Ich weiß nicht weiter (,) Herr Kramer.
   Er läuft schneller als alle anderen.
   Nein (,) das sage ich dir jetzt nicht.
   Heute geht er mit Lotta zur Schwimmparty.
   Sehr geehrter Herr Lüders (,) ich möchte mich für mein gestriges Fehlen entschuldigen.
   Felix (,) kannst du mir mal dein Lineal leihen?
   Wolltest du gestern nicht kommen (,) Ricardo?
   Ich gehe jetzt (,) aber diesmal für immer.
   Komm (,) ich zeige dir etwas ganz Tolles.
   Tim will mitkommen (,) doch Nelli nicht.
   Max will zwar kommen (,) aber noch nicht so früh.
2. Tim sagt, Emmi habe heute schlechte Laune. Tim, sagt Emmi, habe heute schlechte Laune.//Er verspricht, im Urlaub häufig an sie zu schreiben. Er verspricht im Urlaub, häufig an sie zu schreiben.// Sie tat es nicht, ich. Sie tat es, nicht ich.//Jetzt reicht es Frau Neudecker. (kein Komma) Jetzt reicht es, Frau Neudecker.//Sie versprach, dem Jungen sofort zu helfen. Sie versprach dem Jungen, sofort zu helfen.//Verlieren wirst du, nicht gewinnen. Verlieren wirst du nicht, gewinnen.//Ich freue mich, auch wenn du mir nur eine Karte schreibst. Ich freue mich auch, wenn du mir nur eine Karte schreibst.
3. a) „Mein Hund ist unheimlich klug", prahlt Jakob, „wenn ich ihm zwei Euro gebe, geht er zwei Eis kaufen." „Das stimmt gar nicht. Ich habe ihm fünf Euro gegeben und er ist immer noch nicht zurück", erwidert Emmi. „Das ist ja auch kein Wunder", antwortet Jakob, „für fünf Euro geht der doch ins Kino."
   b) Felix soll geimpft werden. Der wehrt sich mit Händen und Füßen. „Ich will nicht. Lassen sie mich sofort los!", schreit er.
   „Weißt du denn eigentlich, wogegen du geimpft werden sollst?", fragt ihn die entnervte Sprechstundenhilfe. „Na klar", schreit Felix, „gegen meinen Willen!"

Differenzierungsmaterial 2 (S. 73)

1. Das gehört nicht dir, sondern mir.
   Nein, das gebe ich dir nicht.
   Nun lass mich doch endlich mal in Ruhe, Jannik.

© Schöningh 978-3-14-025131-0

Kommst du auch mit, Boris?

Nelli, die kleine Dunkelhaarige aus der 7a, hat Ben aus der 8c ein Briefchen zugesteckt.

Ich habe heute Zeit, aber nicht vor drei.

So, jetzt reicht es aber.

Herr Berend, unser Klassenlehrer, fährt mit uns ins Schullandheim auf Norderney.

Wir können gerne darüber reden, aber heute nicht.

2. Er gelobte, ihr treu zu sein. Er gelobte ihr, treu zu sein.//Alexandra versprach, ihm jetzt zuzuhören. Alexandra versprach ihm, jetzt zuzuhören.//Er beschloss, heute seine Heimreise anzutreten. Er beschloss heute, seine Heimreise anzutreten.//Sie verbietet, ihm solche Unverschämtheiten zu sagen. Sie verbietet ihm, solche Unverschämtheiten zu sagen.//Er versprach heute Abend, mit ihr ins Kino zu gehen. Er versprach, heute Abend mit ihr ins Kino zu gehen.//Kate verkündet, William habe wieder die ganze Mathearbeit abgeschrieben. Kate, verkündet William, habe wieder die ganze Mathearbeit abgeschrieben.

3. (h) Du kannst mir ja durchaus widersprechen, aber bitte nicht in dieser Form.

(a) Boris, ein Freund aus der Nachbarschaft, hatte gestern mit seinem Fahrrad einen Unfall.

(g) Ich wünsche, dass ihr alle kommt, und zwar pünktlich.

(b) Ja, ich komme mit!

(g) Meine kleine Nichte hat gestern ihren ersten Schwimmschein erworben, nämlich das Seepferdchen.

(e) Die Klassen 8c und 8d wollen nach den Sommerferien entweder in das Schullandheim auf Norderney, in eine Jugendherberge im Sauerland oder in ein Jugendheim an der Donau fahren.

(a) Malena hat in den vergangenen Sommerferien eine nordfriesische Insel, und zwar Amrum, kennengelernt.

(d) Oh, das habe ich jetzt ganz vergessen.

(d)/(f) Komm, sei wieder lieb!

(c) Nein, ich stimme nicht zu!

(f) Das hätte ich nicht von dir gedacht, Pedro.

Differenzierungsmaterial 3 (S. 74)

1. • Eine Dame kauft einen Trinknapf für ihren Hund. „Möchten Sie den Trinknapf mit der Aufschrift ‚Für den Hund‘?", fragt der nette Verkäufer. „Nein danke, das ist nicht nötig", erwidert die Dame, „mein Mann trinkt kein Wasser und mein Hund kann das sowieso nicht lesen." (drei Kommas)

   • Ein Punkermädchen kommt mit einem Arm voll schriller Textilien zur Kasse. „Kann ich die Klamotten umtauschen", fragt sie, „falls sie meinen Eltern gefallen sollten?" (zwei Kommas)

   • „Papa, kannst du mir sagen, wo die Bahamas liegen?", fragt Boris seinen Vater. „Junge, woher soll ich das wissen?", antwortet der Vater, „deine Mutter räumt immer alles so gut weg, dass es kein Mensch mehr wiederfindet." (drei Kommas)

   • Britta, Hendrik und Tom gehen nach Hause. „Was machen wir heute Nachmittag?", fragt Britta. „Wir werfen eine Münze", sagt Tom, „bei Zahl gehen wir schwimmen, bei Adler ins Kino." „Und wenn die Münze auf dem Kopf stehen bleibt, machen wir zusammen Hausaufgaben", ergänzt Hendrik. (vier Kommas)

2. (b) Hanna T., Schülerin der Klasse 7 a, hat auf dem Sportfest die höchste Punktzahl erreicht.

   (e) Moritz, kommst du morgen auch mit?

   (a) Rosi sagt Tim die Meinung, weil er dauernd stört, weil sie das aufregt und weil sie nicht mitkriegt, was im Unterricht passiert.

   (c) Er will auf sie warten, doch nicht lange.

   (h) Nein, da kann ich nicht mitmachen!

   (d) Das Redaktionsteam trifft sich heute nach der Schule, und zwar um 14 Uhr.

   (b) Sofia, die Schulsprecherin, bittet um Mithilfe bei der Vorbereitung des Schulfestes.

   (d) Die beiden Freundinnen wollen heute etwas unternehmen, zum Beispiel ins Kino gehen.

   (i) Hallo, könnten Sie mal kurz kommen?

   (b) Sie, aus vollem Halse lachend, reagiert auf seine witzige Bemerkung.

   (b) Kati, Tims Freundin, flirtet auf der Party mit Lars.

© Schöningh 978-3-14-025131-0

(f) „Du könntest mich", meinte Luisa zu Mark, „um 18.30 Uhr abholen."

(g) Ja, ich komme auch zur Fete.

(c) Ihr könnt alle kommen, aber nicht mit mieser Laune.

(a) Toni, Max, Bürgin und Ben wollen alles für die Fete vorbereiten: Musik, Grillwürstchen, Limo.

(d) Zwei Mitschülerinnen wollen den Raum schmücken, nämlich Emmi und Ines.

(a) Zu dieser Fete sind sowohl Schüler aus der 7b, der 8a als auch einige wenige Schülerinnen aus der 8c eingeladen.

Kurzer Wissenscheck (S. 75)

1. Richtig sind: 1., 2., 5., 6., 7., 8.

2. • Beim Abendessen will Timo seinem Vater unbedingt etwas sagen. „Nein, jetzt nicht, Timo", sagt der Vater, „ich unterhalte mich gerade mit deiner Mutter." Schließlich darf Timo sprechen. „Nun ist es zu spät, Papa", meint er, „die Schnecke auf dem Salat hast du gerade schon gegessen."

   • Der fünfjährige Max hat bis heute kaum gesprochen. „Verdammt, wo ist das Salz?", brüllt er urplötzlich beim Mittagessen. „Junge, du sprichst ja plötzlich so viel!", freuen sich die erstaunten Eltern. „Bisher war doch auch alles in Ordnung", meint Max daraufhin.

3. • Sven, er ist mein Freund, hat mich gestern enttäuscht. (2)

   • Na, wie geht es? (1)

   • Hör mal zu, Ben, das geht jetzt wirklich zu weit. (2)

   • Silke, laut lachend, kam in der Pause auf mich zu. (2)

   • Sie spielt jede Woche einmal Squash, nämlich montags. (1)

   • Darauf, sie zu treffen, war sie nicht vorbereitet. (2)

   • Nina spielt in dem heutigen Spiel mit, aber diesmal ohne großes Engagement. (1)

   • Unmöglich, das kann man nicht machen! (1)

Modul 11: Kommasetzung II: Satzreihe und Satzgefüge

1. **Das Komma trennt Hauptsätze (Satzreihe).**
   Zwischen Hauptsätzen steht oft ein Punkt; um zu verdeutlichen, dass die beiden Hauptsätze inhaltlich eng zusammengehören, kann man auch ein Komma setzen. Hauptsätze können durch eine *nebenordnende Konjunktion* verbunden werden; *entgegenstellend:* aber, dagegen, dennoch, jedoch, trotzdem; *reihend:* und, auch, außerdem, ebenfalls, überdies, teils … teils, nicht nur … sondern auch, einerseits … andererseits; *folgernd und begründend:* daher, also, deshalb, denn, nämlich.
   Beispiel: <u>Emmi kam mit</u>, aber <u>Moritz hatte etwas anderes vor.</u>

2. **Das Komma trennt <u>Hauptsatz/Basissatz</u> und <u>Nebensatz</u> (einfaches Satzgefüge).**
   Man unterscheidet vor allem folgende Nebensätze, in denen das Verb immer am Schluss steht.

   2.1 Konjunktionale Nebensätze, die mit einer unterordnenden Konjunktion beginnen: wen, weil, während, nachdem, als, dass, obgleich, bis: <u>Sie tanzten</u>, bis <u>sie müde waren.</u>

   2.2 Relativsätze, die mit einem Relativpronomen beginnen: der, die, das, welcher, welche, welches: <u>Sie leiht ihm das Buch</u>, welches <u>sehr spannend ist.</u>

   2.3 Sätze, die mit einem W-Fragewort beginnen: wer, was, wen, wie: <u>Er fragte</u>, wie <u>es ihm geht.</u> <u>Sie wusste nicht</u>, wann <u>er kommt.</u>

   2.4 Infinitivsätze mit um zu, ohne zu, anstatt zu: <u>Er ging weg</u>, ohne <u>auf ihn</u> zu <u>warten.</u>

   2.5 Vergleichssätze mit als oder wie: <u>Es ist so gekommen</u>, wie <u>ich es mir vorgestellt habe.</u>

3. **Das Komma trennt Hauptsatz/Basissatz und mehrere Nebensätze (komplexes Satzgefüge).**
   Beispiel: <u>Sie mag ihn</u>, weil <u>er ihr geholfen hat</u>, als <u>sie nicht weiterwusste.</u>

---

1. Setze in den folgenden Sätzen jeweils das Komma. Die Anzahl der Kommas steht in Klammern hinter dem Satz. Schreibe in das Kästchen jeweils die Nummer der Übersicht.

- ☐ Der Film ist schrecklich langweilig dennoch verlässt keiner den Kinosaal. (1)
- ☐ Sie kam um mir zum Geburtstag zu gratulieren. (1)
- ☐ Pedro den fast alle in der Klasse mögen erzählt gerne Witzchen. (2)
- ☐ Kenan hilft mir nicht nur bei der Übersetzung sondern er hört mir manchmal auch Vokabeln ab. (1)
- ☐ Sie fragt ihn wann er kommt. (1)
- ☐ Er hat schneller angerufen als ich gedacht habe. (1)
- ☐ Lars kann nicht ganz verstehen dass Mirja nicht mitkommt. (1)
- ☐ Ina verabredet sich mit Ben den sie mag weil er ihr bei der letzten Arbeit geholfen hat. (2)

2. Formuliere mithilfe der angegebenen Konjunktion jeweils ein Satzgefüge. Kennzeichne <u>Hauptsatz</u> und <u>Nebensatz</u> und setze die Kommas.

Mike schwitzt noch über seiner Mathearbeit. Ole hat sein Heft schon abgegeben. (während)

<u>Während Mike noch</u> _____

Alle ziehen Ben auf. Nur sein Freund Kevin hält zu ihm. (als)

_____

3. Setze in dem folgenden komplexen Satzgefüge die Kommas. Kennzeichne <u>Hauptsatz</u> und <u>Nebensätze</u>.

Karola geht nach Hause weil sie damit rechnet dass Emmi die häufig ohne Entschuldigung fehlt auch diese Verabredung wieder nicht einhält. (4 Kommas)

© Schöningh 978-3-14-025131-0

Kommasetzung II: Satzreihe und Satzgefüge

1. Füge die beiden Hauptsätze mithilfe der nebenordnenden Konjunktion in der Klammer zusammen. Setze das Komma.

   Leo kann heute nicht kommen. Seine Mutter hat Geburtstag. (denn)

   _____

   Ben macht Sara tolle Komplimente. Sie will nichts von ihm wissen. (dennoch)

   _____

   Es regnet heute in Strömen. Die Schüler gehen in die Sporthalle. (daher)

   _____

   Tim hat in Mathe eine Eins geschrieben. Er hat kaum etwas für die Arbeit getan. (jedoch)

   _____

   Sie hat keine Lust auf einen Kirmesbesuch. Sie hat kein Geld. (außerdem)

   _____

2. Jeder der folgenden Sätze stellt ein Satzgefüge aus Hauptsatz und Nebensatz dar.
   Setze jeweils das Komma zwischen Haupt- und Nebensatz. Ein Satzgefüge enthält zwei Nebensätze.
   Kennzeichne jeweils den <u>Hauptsatz</u> durch Unterstreichen und den <u>Nebensatz</u> durch eine Wellenlinie.

   - Der Grieche Dädalos erkannte der Sage nach als erster dass der Mensch zum Fliegen kaum mehr als die eigenen Muskeln benötigt.
   - Die Flügel die Dädalos baute waren aus Federn und Wachs.
   - Dädalos und sein Sohn Ikaros wollten dem König Minos von Kreta entfliehen der sie festhalten wollte.
   - Nach der Sage stürzte Ikaros ins Meer weil er auf seinem Flug der Sonne zu nahekam.
   - Ikaros ertrank weil seine Flügel nachdem das Wachs durch die Hitze der Sonne geschmolzen war ihn nicht mehr in der Luft hielten.
   - Im Jahre 1988 bewies ein moderner griechischer Dädalos dass man zum Fliegen vor allem seine Muskelkraft benötigt.
   - Der Grieche der als Radrennfahrer bekannt war hielt durch Betätigung seiner Pedale einen Flugapparat in der Luft.
   - Die Leistung die dem Radrennfahrer abverlangt wurde entsprach zwei Marathonläufen.
   - Als der zerbrechliche Flugapparat am Ziel durch eine Windböe erfasst wurde stürzte er ins Meer.
   - Der Rennfahrer den Helfer aus dem Wasser zogen wurde als moderner griechischer Dädalos gefeiert.

3. Setze in den komplexen Satzgefügen jeweils die Kommas. Kennzeichne jeweils <u>Hauptsatz</u> und <u>Neben-sätze</u>. Beachte: Der Nebensatz kann in den Hauptsatz oder in einen anderen Nebensatz eingefügt sein.

   - Felix der vor Schmerzen kaum die Tränen zurückhalten kann krümmt sich auf dem Boden weil er im Sportunterricht beim Sprung über das Gerät das nicht ganz gerade stand mit seinem Knöchel hängen geblieben war.
   - Friederike freut sich schon heute auf die Fete auf der wenn er eine Einladung bekommen hat auch Sven erscheinen wird den sie sehr nett findet.
   - Der Klassenlehrer Herr Andersen bittet alle Schüler der Klasse 7b dass sie in der großen Pause die Pausenhalle vor dem naturwissenschaftlichen Trakt aufsuchen weil er dort allerletzte aktuelle Informationen für die Klassenfahrt nach München geben möchte.

© Schöningh 978-3-14-025131-0

Kommasetzung II: Satzreihe und Satzgefüge

1. Verbinde die beiden Satzpaare jeweils durch ein Relativpronomen (in der Klammer) zu einem Satzgefüge. Setze die Kommas. Kennzeichne jeweils den <u>Hauptsatz</u> und <u>Nebensatz</u>.

- Susanna ist mit Ingo befreundet. Susanna muss die Fete eher verlassen. (die)

  Susanna, die
  _____

- Celine versucht Ingo zu trösten. Ingo macht ein langes Gesicht. (der)

  _____

- Tina hat Getränke eingekauft. Sie stellt Gläser hin. (die)

  _____

- Julian ist neu in der Klasse. Er hat sich mit Greta angefreundet. (welcher)

  _____

2. Sätze mit einem w-Fragewort kann man oft als verkürzte Relativsätze auffassen. Mache die Ersatzprobe. Kennzeichne in dem neuen Satzgefüge den <u>Hauptsatz</u> und den <u>Relativsatz</u> wie im Beispiel. Setze das Komma.

- Wer den Schaden hat, braucht für den Spott nicht zu sorgen.

  <u>*Derjenige*</u>, <u>*der den Schaden hat,*</u> <u>*braucht für den Spott nicht zu sorgen.*</u>

- Wer viel fragt, bekommt viele Antworten.

  _____

- Wann er ankommt, weiß er noch nicht.

  Den genauen Zeitpunkt, zu dem
  _____

- Wer langsam fährt, kommt auch ans Ziel.

  _____

- Er kennt schon den Weg, wie sie die Berghütte erreichen.

  Er kennt schon den Weg, auf dem
  _____

3. Setze jeweils die fehlenden Kommas. Kennzeichne <u>Hauptsatz</u> und <u>Nebensatz</u>.

Coole Sprüche und Gegensprichwörter

- Derjenige der bereits eine Glatze hat braucht sich nicht mehr die Haare zu raufen. (2)
- Wenn der Hahn kräht auf dem Mist ändert sich das Wetter oder es bleibt wie es ist. (1)
- Derjenige der sich selbst nichts vormacht braucht anderen nichts nachzumachen. (2)
- Der Klügere gibt so lange nach bis er der Dumme ist. (1)
- Demjenigen der barfuß geht kann man nichts in die Schuhe schieben. (2)
- Er hat eine Lösung gefunden die aber leider nicht zu seinem Problem passt. (1)
- Derjenige der kein schlechtes Gewissen hat erspart sich Gewissensbisse. (2)
- Manche Experten denken so lange über wenig nach bis sie alles über nichts wissen. (1)
- Wenn doch überall wo Späne fallen auch gehobelt würde! (2)
- Derjenige der meint dass der der A sagt auch B sagen müsse überschätzt den Zusammenhang von Alphabet und Moral. (5)

© Schöningh 978-3-14-025131-0

Kommasetzung II: Satzreihe und Satzgefüge

1. Formuliere jeweils einen Ausdruck mit einem Relativpronomen. Setze das Komma, markiere das Relativpronomen (bezügliches Fürwort) wie im Beispiel.

Huhn legt goldene Eier → das Huhn, [das] goldene Eier legt _____

Krokodil frisst aus der Hand → _____

Probleme sollte man lösen → _____

Lied vergisst man nicht → _____

Buch fesselt einen → _____

2. Setze bei den folgenden komplexen Satzgefügen die Kommas (Anzahl in der Klammer). Kennzeichne jeweils den <u>Hauptsatz</u> und die <u>Nebensätze</u>.

- Das Theaterstück für das keine Karten mehr zu bekommen waren musste kurzfristig abgesagt werden weil einige Schauspieler die wichtige Rollen spielen an einer Virusgrippe erkrankt waren. (5)
- Meine Schwester legt jeden Euro den sie geschenkt bekommt zurück weil sie sich von dem ersparten Geld demnächst ein Notebook kaufen will das sie sich schon lange gewünscht hat. (4)
- Damit sie nicht zu lange sparen muss hat mein Vater der den Spareifer meiner Schwester anerkennen will ein wenig nachgeholfen damit ihr Wunsch bald in Erfüllung gehen kann. (4)
- Jonas will in nächster Zeit um seine Leistungen in Englisch deutlich zu verbessern intensiv die Vokabeln wiederholen damit sich dadurch langfristig sein Wortschatz vergrößert. (3)
- Karin will sich heute mit Ilona treffen weil die beiden sich schon seit einigen Tagen abgesprochen haben dass sie sich heute endlich den Film ansehen wollen von dem die halbe Klasse andauernd redet. (3)

3. Setze das Komma zwischen Haupt- und Nebensatz. Markiere in den Nebensätzen die Konjunktion, das Relativpronomen und das w-Fragewort.

Der Schneider von Ulm

Am 31.5.1811 wurden in Ulm mehrere Tausend Zuschauer Zeugen eines Ereignisses, [das] mit großem Aufwand angekündigt wurde. Auch der König von Württemberg der auf den Ausgang des Ereignisses gespannt war zählte zu den Zuschauern.
Ludwig Berblinger der in der Stadt als Schneidermeister und geschickter Erfinder bekannt war hatte Tage vorher in der Zeitung angekündigt dass er mit einem von ihm konstruierten Flugapparat über die Donau fliegen könne. Die Menschen schauten gebannt zu als er von einer sieben Meter hohen Rampe sprang. Wie er es berechnet hatte wollte er im Gleitflug das gegenüberliegende Donauufer erreichen. Als er dann jedoch kopfüber in den Fluss stürzte lachten ihn die Zuschauer voller Hohn aus weil sie glaubten dass er ein Aufschneider sei der die Menschen an der Nase herumführen wolle.
Der geniale Erfinder Ludwig Berblinger konnte zu seiner Zeit jedoch noch nicht wissen dass im Gegensatz zu seinem Übungsgelände im Weinberg wo ein starker Aufwind herrschte am Donauufer ein starker Abwind wehte der seinen Flugversuch auf so klägliche Weise scheitern ließ. Achtzig Jahre später gelang dem Flugzeugpionier Otto Lilienthal mit einem ähnlichen Flugapparat ein Gleitflug den bereits Berblinger seinen Zuschauern zeigen wollte.

Kurzer Wissenscheck

Kommasetzung II: Satzreihe und Satzgefüge

1. Ich kenne wichtige grammatische Zusammenhänge der Kommasetzung.

Kreuze die richtigen Aussagen an.

☐ 1. In einer Satzreihe werden zwei Nebensätze aneinandergereiht und durch Komma getrennt.

☐ 2. In einer Satzreihe werden zwei Hauptsätze aneinandergereiht.

☐ 3. In einem einfachen Satzgefüge wird ein Hauptsatz und ein Nebensatz miteinander verknüpft.

☐ 4. Einen Nebensatz erkennt man daran, dass das Verb am Satzende steht.

☐ 5. Hauptsatz und Nebensatz werden immer durch ein Komma getrennt.

☐ 6. Bei einem Vergleichssatz mit *als* oder *wie* wird ein Komma gesetzt.

☐ 7. Der Relativsatz wird durch ein Relativpronomen eingeleitet.

☐ 8. In einem komplexen Satzgefüge werden Hauptsatz und mehrere Nebensätze miteinander verknüpft.

☐ 9. Hauptsatz und Nebensatz müssen nicht durch ein Komma getrennt werden.

2. Ich kann die Kommas in einem komplexen Satzgefüge setzen.

Setze die Kommas, es sind vier. Kennzeichne <u>Hauptsatz</u> und <u>Nebensätze</u>.

Frau Niggemeier und Herr Nagold erinnern daran dass sich heute alle Schüler der Klassen 5 bis 10 die dem großen Chor und dem Spielkreis angehören zu Beginn der 5. Stunde in der Aula einfinden weil heute die erste gemeinsame Probe der beiden Gruppen für die Entlassungsfeier am kommenden Samstag stattfinden soll.

3. Ich kann in einem Text die fehlenden Kommas setzen.

Setze die fehlenden Kommas ein. Die jeweilige Anzahl der Kommas ist am Anfang der Zeilen angegeben.

Der Farmer und der Löwe

(2) Ein Farmer der am Rand der Steppe wohnte wurde von seinem Hund während eines Jagdgangs auf
(1) ein Waldstück aufmerksam gemacht. Auf einer Lichtung sah er einen Löwen der am Verenden war. Als
(2) der Farmer dicht vor dem kranken Tier stand bemerkte er etwas Merkwürdiges. Er sah nämlich dass
(1) ein Schildkrötenpanzer dem Löwen den Rachen versperrte. Offenbar hatte der Löwe als er Hunger
(1) verspürte mangels anderer Nahrung eine Schildkröte aufzubrechen versucht. Weil der Farmer Mitleid
(3) mit dem großen Tier hatte eilte er nach Hause um Werkzeug zu holen mit dem er den Löwen von
(1) seiner Plage befreien konnte. Als der Farmer Wasser in einem Eimer herbeigeschafft hatte bemerkte er
(2) zu seiner Freude dass der Löwe zu trinken begann. Nun versorgte er täglich den Löwen der bald auch
(1) das Fleisch einer geschlachteten Ziege annahm. Als der Farmer eines Tages wiederkam fand er den
(1) Löwen nicht mehr vor. Das gewaltige Tier trat plötzlich auf die Lichtung wobei es die Pranken zu
(3) wiegen begann. Der Farmer der ein mutiger Mann war begriff sofort dass der Löwe ihn nicht erschre-
(1) cken wollte. Von nun an bemerkte der Farmer immer den Löwen wenn er das Revier betrat. Der Löwe
(2) begleitete ihn weil er ihn beschützen wollte. Dies zeigt wie sich der Farmer den König der Tiere zum
      Freunde gemacht hatte.

(Nach: Ernst Jünger: Sämtliche Werke. Bd. 9. Das Abenteuerliche Herz. Verlag Clett-Kotta, Stuttgart 1979)

Lösungen

Kommasetzung II: Satzreihe und Satzgefüge

Basismaterial (S. 79)

1. (1)   Der Film ist schrecklich langweilig, dennoch verlässt keiner den Kinosaal.
   (2.4) Sie kam, um mir zum Geburtstag zu gratulieren.
   (2.2) Pedro, den fast alle in der Klasse mögen, erzählt gerne Witzchen.
   (1)   Kenan hilft mir nicht nur bei der Übersetzung, sondern er hört mir manchmal auch Vokabeln ab.
   (2.3) Sie fragt ihn, wann er kommt.
   (2.1) Er hat schneller angerufen, als ich gedacht habe.
   (2.1) Lars kann nicht ganz verstehen, dass Mirja nicht mitkommt.
   (3)   Ina verabredet sich mit Ben, den sie mag, weil er ihr bei der letzten Arbeit geholfen hat.
2. Während Mike noch über seiner Mathearbeit schwitzt, hat Ole sein Heft schon abgegeben.
3. Als alle Ben aufziehen, hält nur sein Freund Kevin zu ihm.
4. Karola geht nach Hause, weil sie damit rechnet, dass Emmi, die häufig ohne Entschuldigung fehlt, auch diese Verabredung wieder nicht einhält.

Differenzierungsmaterial 1 (S. 80)

1. Leo kann heute nicht kommen, denn seine Mutter hat Geburtstag.
   Ben macht Sara tolle Komplimente, dennoch will sie nichts von ihm wissen.
   Es regnet heute in Strömen, daher gehen die Schüler in die Sporthalle.
   Tim hat in Mathe eine Eins geschrieben, jedoch hat er für die Arbeit kaum etwas getan.
   Sie hat keine Lust auf einen Kirmesbesuch, außerdem hat sie kein Geld.
2. • Der Grieche Dädalos erkannte der Sage nach als erster, dass der Mensch zum Fliegen kaum mehr als die eigenen Muskeln benötigt.
   • Die Flügel, die Dädalos baute, waren aus Federn und Wachs.
   • Dädalos und sein Sohn Ikaros wollten dem König Minos von Kreta entfliehen, der sie festhalten wollte.
   • Nach der Sage stürzte Ikaros ins Meer, weil er auf seinem Flug der Sonne zu nahekam.
   • Ikaros ertrank, weil seine Flügel, nachdem das Wachs durch die Hitze der Sonne geschmolzen war, ihn nicht mehr in der Luft hielten.
   • Im Jahre 1988 bewies ein moderner griechischer Dädalos, dass man zum Fliegen vor allem seine Muskelkraft benötigt.
   • Der Grieche, der als Radrennfahrer bekannt war, hielt durch Betätigung seiner Pedale einen Flugapparat in der Luft.
   • Die Leistung, die dem Radrennfahrer abverlangt wurde, entsprach zwei Marathonläufen.
   • Als der zerbrechliche Flugapparat am Ziel durch eine Windböe erfasst wurde, stürzte er ins Meer.
   • Der Rennfahrer, den Helfer aus dem Wasser zogen, wurde als moderner griechischer Dädalos gefeiert.
3. • Felix, der vor Schmerzen kaum die Tränen zurückhalten kann, krümmt sich auf dem Boden, weil er im Sportunterricht beim Sprung über das Gerät, das nicht ganz gerade stand, mit seinem Knöchel hängen geblieben war.
   • Friederike freut sich schon heute auf die Fete, auf der, wenn er eine Einladung bekommen hat, auch Sven erscheinen wird, den sie sehr nett findet.
   • Der Klassenlehrer Herr Andersen bittet alle Schüler der Klasse 7b, dass sie in der großen Pause die Pausenhalle vor dem naturwissenschaftlichen Trakt aufsuchen, weil er dort allerletzte Informationen für die Klassenfahrt nach München geben möchte.

Differenzierungsmaterial 2 (S. 81)

1. • <u>Susanna</u>, <u>die mit Ingo befreundet ist</u>, <u>muss die Fete eher verlassen.</u>
   • <u>Celine versucht Ingo</u>, <u>der ein langes Gesicht macht</u>, <u>zu trösten.</u>
   • <u>Tina</u>, <u>die Getränke eingekauft hat</u>, <u>stellt die Gläser hin.</u>
   • <u>Julian</u>, <u>welcher neu in der Klasse ist</u>, <u>hat sich mit Greta angefreundet.</u>

2. • <u>Derjenige</u>, <u>der viel fragt</u>, <u>bekommt viele Antworten.</u>
   • <u>Den genauen Zeitpunkt</u>, <u>zu dem er ankommt</u>, <u>weiß er noch nicht.</u>
   • <u>Derjenige</u>, <u>der langsam fährt</u>, <u>kommt auch ans Ziel.</u>
   • <u>Er kennt schon den Weg</u>, <u>auf dem sie die Berghütte erreichen.</u>

3. • <u>Derjenige</u>, <u>der bereits eine Glatze hat</u>, <u>braucht sich nicht mehr die Haare zu raufen.</u> (2)
   • <u>Wenn der Hahn kräht auf dem Mist</u>, <u>ändert sich das Wetter oder es bleibt wie es ist.</u> (1)
   • <u>Derjenige</u>, <u>der sich selbst nichts vormacht</u>, <u>braucht anderen nichts nachzumachen.</u> (2)
   • <u>Der Klügere gibt so lange nach</u>, <u>bis er der Dumme ist.</u> (1)
   • <u>Demjenigen</u>, <u>der barfuß geht</u>, <u>kann man nichts in die Schuhe schieben.</u> (2)
   • <u>Er hat eine Lösung gefunden</u>, <u>die aber leider nicht zu seinem Problem passt.</u> (1)
   • <u>Derjenige</u>, <u>der kein schlechtes Gewissen hat</u>, <u>erspart sich Gewissensbisse.</u> (2)
   • <u>Manche Experten denken so lange über wenig nach</u>, <u>bis sie alles über nichts wissen.</u> (1)
   • <u>Wenn doch überall</u>, <u>wo Späne fallen</u>, <u>auch gehobelt würde!</u> (2)
   • <u>Derjenige</u>, <u>der meint</u>, <u>dass der</u>, <u>der A sagt</u>, <u>auch B sagen müsse</u>, <u>überschätzt den Zusammenhang von Alphabet und Moral.</u> (5)

Differenzierungsmaterial 3 (S. 82)

1. das Krokodil, [das] aus der Hand frisst//die Probleme, [die] man lösen sollte//das Lied, [das] man nicht vergisst//das Buch, [das] einen fesselt

2. • <u>Das Theaterstück</u>, <u>für das keine Karten mehr zu bekommen waren</u>, <u>musste kurzfristig abgesagt werden</u>, <u>weil einige Schauspieler</u>, <u>die wichtige Rollen spielen</u>, <u>an einer Virusgrippe erkrankt waren.</u> (5)
   • <u>Meine Schwester legt jeden Euro</u>, <u>den sie geschenkt bekommt</u>, <u>zurück</u>, <u>weil sie sich von dem ersparten Geld demnächst ein Notebook kaufen will</u>, <u>das sie sich schon lange gewünscht hat.</u> (4)
   • <u>Damit sie nicht zu lange sparen muss</u>, <u>hat mein Vater</u>, <u>der den Spareifer meiner Schwester anerkennen will</u>, <u>ein wenig nachgeholfen</u>, <u>damit ihr Wunsch bald in Erfüllung gehen kann.</u> (4)
   • <u>Jonas will in nächster Zeit</u>, <u>um seine Leistungen in Englisch deutlich zu verbessern</u>, <u>intensiv die Vokabeln wiederholen</u>, <u>damit sich dadurch langfristig sein Wortschatz vergrößert.</u> (3)
   • <u>Karin will sich heute mit Ilona treffen</u>, <u>weil die beiden sich schon seit einigen Tagen abgesprochen haben</u>, <u>dass sie sich heute endlich den Film ansehen wollen</u>, <u>von dem die halbe Klasse andauernd redet.</u> (3)

3. Der Schneider von Ulm

   Am 31.5.1811 wurden in Ulm mehrere Tausend Zuschauer Zeugen eines Ereignisses, [das] mit großem Aufwand angekündigt wurde. Auch der König von Württemberg, [der] auf den Ausgang des Ereignisses gespannt war, zählte zu den Zuschauern.
   Ludwig Berblinger, [der] in der Stadt als Schneidermeister und geschickter Erfinder bekannt war, hatte Tage vorher in der Zeitung angekündigt, [dass] er mit einem von ihm konstruierten Flugapparat über die Donau fliegen könne. Die Menschen schauten gebannt zu, [als] er von einer sieben Meter hohen Rampe sprang. [Wie] er es berechnet hatte, wollte er im Gleitflug das gegenüberliegende Donauufer erreichen. [Als] er dann jedoch kopfüber in den Fluss stürzte, lachten ihn die Zuschauer voller Hohn aus, [weil] sie glaubten, [dass] er ein Aufschneider sei, [der] die Menschen an der Nase herumführen wolle.
   Der geniale Erfinder Ludwig Berblinger konnte zu seiner Zeit jedoch noch nicht wissen, [dass] im Gegensatz zu seinem Übungsgelände im Weinberg, [wo] ein starker Aufwind herrschte, am Donauufer ein starker Abwind wehte, [der] seinen Flugversuch auf so klägliche Weise scheitern ließ. Achtzig Jahre später gelang dem Flugzeugpionier Otto Lilienthal mit einem ähnlichen Flugapparat ein Gleitflug, [den] bereits Berblinger seinen Zuschauern zeigen wollte.

Kurzer Wissenscheck (S. 83)

1. Richtig sind: 2., 3., 4., 5., 6., 7., 8.

2. Frau Niggemeier und Herr Nagold erinnern daran, dass sich heute alle Schüler der Klassen 5 bis 10, die dem großen Chor und dem Spielkreis angehören, zu Beginn der 5. Stunde in der Aula einfinden, weil heute die erste gemeinsame Probe der beiden Gruppen für die Entlassungsfeier am kommenden Samstag stattfinden soll.

3. Ein Farmer, der am Rand der Steppe wohnte, wurde von seinem Hund während eines Jagdgangs auf ein Waldstück aufmerksam gemacht. Auf einer Lichtung sah er einen Löwen, der am Verenden war. Als der Farmer dicht vor dem kranken Tier stand, bemerkte er etwas Merkwürdiges. Er sah nämlich, dass ein Schildkrötenpanzer dem Löwen den Rachen versperrte. Offenbar hatte der Löwe, als er Hunger verspürte, mangels anderer Nahrung eine Schildkröte aufzubrechen versucht. Weil der Farmer Mitleid mit dem großen Tier hatte, eilte er nach Hause, um Werkzeug zu holen, mit dem er den Löwen von seiner Plage befreien konnte. Als der Farmer Wasser in einem Eimer herbeigeschafft hatte, bemerkte er zu seiner Freude, dass der Löwe zu trinken begann. Nun versorgte er täglich den Löwen, der bald auch das Fleisch einer geschlachteten Ziege annahm. Als der Farmer eines Tages wiederkam, fand er den Löwen nicht mehr vor. Das gewaltige Tier trat plötzlich auf die Lichtung, wobei es die Pranken zu wiegen begann. Der Farmer, der ein mutiger Mann war, begriff sofort, dass der Löwe ihn nicht erschrecken wollte. Von nun bemerkte der Farmer immer den Löwen, wenn er das Revier betrat. Der Löwe begleitete ihn, weil er ihn beschützen wollte. Dies zeigt, wie sich der Farmer den König der Tiere zum Freunde gemacht hatte.

Modul 12: Wiederholen, Vertiefen, Einprägen

Für das Erlernen der Rechtschreibung gibt es einige **allgemeine Grundsätze**; die wichtigsten sind:

- Das einmal Gelernte **immer wieder üben**: Häufiges Üben trainiert das Langzeitgedächtnis und fördert das Behalten.
- **Unterschiedliche Lernwege** nutzen: Man lernt nicht nur über das Auge und den Verstand, sondern auch durch genaues Zuhören und durch aktives Tun; besonders für die Rechtschreibung gilt der Grundsatz: Schreiben lernt man durch häufiges Schreiben.

So kannst du vorgehen, wenn du nicht weißt, wie ein Wort geschrieben wird:

1. Schreibe das Wort auf, schau dir genau an, ob es „gut aussieht"; wenn du Zweifel hast, musst du weitere Tipps anwenden.
2. Sprich dir das Wort deutlich vor und mache dadurch bestimmte Buchstaben und Silben hörbar: **D**orf oder **T**orf, Fah**rr**ad (nicht Fahrad).
3. Erkläre die Schreibweise, suche nach anderen Wortformen und verwandten Wörtern: Ber? → Ber**g**e (daher mit g, nicht mit k), St?ngel → St**a**nge (daher mit ä, nicht mit e).
4. Wende Regeln und Wissen an: zum Beispiel Faustregeln (gar nicht wird gar nicht zusammengeschrieben) oder grammatisches Wissen (Nomen/Substantive werden großgeschrieben; es gibt bestimmte Nomensignale: **das P**ferd, **beim L**aufen, **wenig G**utes).
5. Achte auch auf die Bedeutung: **die Wah**l (des Politikers) – **der Wa**l (ein Säugetier).
6. Wenn du die Schreibung von Merkwörtern noch nicht eingeprägt hast und noch unsicher bist, schlägst du im **Wörterbuch** nach, um ganz sicher zu gehen: vielleicht, Jagd, Notiz.
   Wenn du am PC schreibst, kannst du die Rechtschreibprüfung deines Programms nutzen.

1. Es gibt Wörter (man nennt sie Homophone), die gleich ausgesprochen werden, sich aber in der Bedeutung und in der Schreibweise unterscheiden. Ergänze die Buchstaben in den Kästchen; mal ist es einer, mal sind es zwei. Achte auch auf den Bedeutungszusammenhang.

die B [ ] te (im Garten)   –   b [ ] te! (in der Kirche)

er hat [ ] iel Geld   –   er [ ] iel hin und verletzte sich dabei

der Eimer ist fa [ ] t voll   –   sie fa [ ] t kräftig mit an

auf dem F [ ] ld wächst Korn   –   er f [ ] llt hin

viele L [ ] te   –   ich l [ ] te die Glocken

Ra [ ] fahren   –   einen Ra [ ] geben

das Korn m [ ] len   –   das Bild m [ ] len

das M [ ] r   –   er will immer m [ ] r haben

sie i [ ] t schlau   –   er i [ ] t zu viel

sie n [ ] men an der Feier teil   –   ihre N [ ] men wusste niemand

2. Schreibe die folgenden Merkwörter in die passenden Buchstabenbilder: Atlantik, vielleicht, während, Störaktionen.

© Schöningh 978-3-14-025131-0

■ Wiederholen, Vertiefen, Einprägen

1. Manche Wörter werden gleich ausgesprochen, unterscheiden sich aber in der Bedeutung und in der Schreibweise. Ergänze die Buchstabenlücken; achte auf die Bedeutung der Wörter.

die elternlose W☐se — die Art und W☐se

Lehrer l☐ren die Schüler — den Eimer l☐ren

es geht gan☐ gut — die Gan☐

das M☐l (Essen) — dieses eine M☐l

die W☐lle (Wasser) — die W☐lle (Befestigung)

der W☐gen (zum Fahren) — die W☐gen (zum Wiegen)

der St☐l der Axt — der sprachliche St☐l des Buches

sie singt ein L☐d — das L☐d des Auges ist entzündet

sie wohnt in der Sta☐ — er blieb sitzen sta☐ zu gehen

das kann ma☐ nicht sagen — der Ma☐

er w☐r nicht da — das ist nicht w☐r

Es **war** einmal...  Ist das auch **wahr**?

2. Die Schreibweise vieler Wörter kann man heraushören, wenn man halblaut spricht und so Buchstaben hörbar macht. Bilde die angegebene Form, sprich die Wörter halblaut, gib an, was man bei der jeweiligen Form hören kann.

Wort		Bildung der Form	was man hört
der Berg		*die Berge*	*g*
der Kamm			
der Schuh	Plural bilden		
das Sieb			
der Rand			
sie fleht			
er hupt			
sie bringt	Infinitiv bilden		
er hofft			
sie glaubt			
herb		*ein herber Geruch*	
froh			
dumm	mit einem Nomen/Substantiv beugen		
lang			
rund			

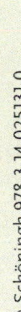

Wiederholen, Vertiefen, Einprägen

1. Manche Wörter werden gleich ausgesprochen, unterscheiden sich aber durch eine andere Bedeutung und Schreibweise. Ergänze die Buchstabenlücken, achte auf die Bedeutung der Wörter.

die Prinzessin kü ☐ te den Prinzen   –   sie wohnen an der Kü ☐ te

die M ☐ rkte waren gut besucht   –   er m ☐ rkte nichts davon

das Pf ☐ rd scheute   –   er f ☐ hrt heute ab

das Bun ☐ Möhren   –   ihr Kleid ist bun ☐

eine S ☐ te der Violine   –   die rechte S ☐ te

die L ☐ rche, ein Singvogel   –   die L ☐ rche, ein Nadelbaum

ihr sei ☐ da   –   sei ☐ gestern ist schönes Wetter

der H ☐ ld des Märchens   –   er h ☐ lt das Buch in der Hand

der Z ☐ h tut ihr weh   –   er ist z ☐ h, denn er hält durch

2. e oder ä; eu oder äu? Als Faustregel kann man sich merken: Wenn es ein verwandtes Wort mit a gibt, wird ä (nicht e) geschrieben, wenn es ein verwandtes Wort mit au gibt, wird äu (nicht eu) geschrieben. Erkläre die Schreibung der folgenden Wörter mit ä und äu, indem du ein verwandtes Wort mit a und au aufschreibst.

Wörter mit ä oder äu	verwandtes Wort mit a oder au
häufig	Haufen
der Räuber	_____
drängeln	_____
aufwändig	_____
der Stängel	_____
die Häute	_____
die Lähmung	_____
ärmlich	_____

3. Die Buchstaben d und t, b und p, g und k sind durch Mitsprechen und aufmerksames Hören oft kaum zu unterscheiden. Man kann die richtige Schreibweise in der Regel durch Verlängern erklären und sie dadurch hörbar machen. Setze die richtigen Buchstaben ein.

Wort	Verlängerung	was man hört
sie glau ☐b☐ t	glauben	b (nicht p)
er hän ☐ t	_____	_____
der Grun ☐	_____	_____
der Gesan ☐	_____	_____
gesun ☐	_____	_____

© Schöningh 978-3-14-025131-0

Kurzer Wissenscheck

Wiederholen, Vertiefen, Einprägen

1. Ich kenne wichtige Grundsätze und Hilfen für das Erlernen und Einprägen der richtigen Schreibung.

Kreuze die richtigen Aussagen an.

- [ ] 1. Man sollte nur einen Lernweg nutzen, nämlich das Nachdenken und Erklären.
- [ ] 2. Man sollte mehrere Lernwege nutzen, nämlich das Sprechen, Hören, Erklären, Einprägen und Schreiben.
- [ ] 3. Um einmal gelernte Schreibweisen zu behalten, sollte man oft wiederholen und viel schreiben, um das Gelernte fest im Langzeitgedächtnis einzuprägen.
- [ ] 4. Ein Merksatz oder eine Eselsbrücke wie „gar nicht wird gar nicht zusammengeschrieben" kann einem bei der Schreibung helfen.
- [ ] 5. Ein wichtiger Tipp für die Rechtschreibung heißt bei Unsicherheit: im Wörterbuch nachsehen.
- [ ] 6. Man sollte nicht im Wörterbuch nachsehen. Man muss die Schreibung aller Wörter auch so beherrschen.
- [ ] 7. Schreiben ist für die Rechtschreibung nicht so wichtig.
- [ ] 8. Das Schreiben ist für die Rechtschreibung ein wichtiger Grundsatz, denn richtig zu schreiben lernt man vor allem durch Schreiben.
- [ ] 9. Für die Rechtschreibung benötigt man nur einen Lernweg: Schreiben wie man spricht.

2. Ich kann die Schreibweise von Wörtern erklären, indem ich eine andere Form bilde und damit die Schreibweise hörbar mache.

a) Setze den richtigen Buchstaben ein: ä oder e, äu oder eu, d oder t, b oder p, g oder k.

der J[ ]ger → _jagen (daher mit ä, nicht mit e)_

du f[ ]hrst → _____

w[ ]rmer → _____

die B[ ]me → _____

er schlä[ ]t → _____

er hu[ ]t → _____

sie le[ ]t → _____

gro[ ] → _____

das Lan[ ] → _____

b) Erkläre die Schreibweise, indem du ein verwandtes Wort der Wortfamilie bildest, das die Schreibweise erklärt: ä oder e, äu oder eu, g oder k, d oder t.

die Ja ☐ d → _jagen (daher mit g)_   die B ☐ erin → _____

die F ☐ hrte → _____   en ☐ los → _____

das R ☐ tsel → _____   lan ☐ sam → _____

s ☐ erlich → _____   klei ☐ sam → _____

3. Ich weiß, dass es Wörter gibt, deren Schreibung man weder heraushören noch erklären kann und die man sich deshalb als Merkwörter einprägen muss.

a) Schreibe die folgenden Merkwörter richtig auf, indem du den Silben- oder Buchstabensalat auflöst.

ä: **äu:**

äBr – _____ ,   nKuäle – _____ ,

häz – _____ ,   äuSel – _____ ,

hmäen – _____ ,   sich strbenäu – _____ .

b) Ordne die folgenden Wörter ihrem Buchstabenbild zu.

Bus, Jagd, vielleicht, Gewächs, Gips, Atlas, Behauptung

Jagd   _____   _____   _____

_____   _____   _____

Lösungen

Wiederholen, Vertiefen, Einprägen

Basismaterial (S. 87)

1. die Beete – bete!//er hat viel Geld – er fiel hin und verletzte sich dabei//der Eimer ist fast voll – sie fasst kräftig mit an//auf dem Feld wächst Korn – er fällt hin//viele Leute – ich läute die Glocken//Rad fahren – einen Rat geben//das Korn mahlen – das Bild malen//das Meer – er will immer mehr haben//sie ist schlau – er isst zu viel//sie nahmen an der Feier teil – ihre Namen wusste niemand
2. vielleicht, Störaktionen, Atlantik, während

Differenzierungsmaterial 1 (S. 88)

1. die elternlose Waise – die Weise//Lehrer lehren die Schüler – den Eimer leeren//es geht ganz gut – die Gans//das Mahl – dieses eine Mal//die Welle – die Wälle//der Wagen – die Waagen//der Stiel der Axt – der sprachliche Stil des Buches//sie singt ein Lied – das Lid des Auges ist entzündet//sie wohnt in der Stadt – er blieb sitzen statt zu gehen//das kann man nicht sagen – der Mann//er war nicht da – das ist nicht wahr
2. der Kamm – die Kämme (mm)//der Schuh – die Schuhe (h)//das Sieb – die Siebe (b)//der Rand – die Ränder (d)//sie fleht – flehen (h)//er hupt – hupen (p)//sie bringt – bringen (g)//er hofft – hoffen (ff)//sie glaubt – glauben (b)//herb – ein herber Duft (b)//froh – frohen Mutes (h)//ein dummer Spruch (mm)//lang – ein langes Wochenende (g)//ein runder Geburtstag (d)

Differenzierungsmaterial 2 (S. 89 f.)

1. die Prinzessin küsste den Prinzen – sie wohnen an der Küste//die Märkte waren gut besucht – er merkte nichts davon//das Pferd scheute – er fährt heute ab//das Bund Möhren – ihr Kleid ist bunt//eine Saite der Violine – die rechte Seite//die Lerche, ein Singvogel – die Lärche, ein Nadelbaum//ihr seid da – seit gestern ist schönes Wetter//der Held des Märchens – er hält das Buch in der Hand//der Zeh tut ihr weh – er ist zäh, denn er hält durch
2. der Räuber → rauben//drängeln → der Drang//aufwändig → der Aufwand//der Stängel → die Stange//die Häute → die Haut//die Lähmung → lahm//ärmlich → arm//
3. er hängt – hängen (g)//der Grund – die Gründe (d)//der Gesang – singen (g)//gesund – ein gesundes Essen (d)

Kurzer Wissenscheck (S. 91)

1. Richtig sind: 2., 3., 4., 5., 8.
2. a) du fährst → fahren, wärmer → warm, die Bäume → der Baum, er schlägt → schlagen, er hupt → hupen, sie lebt → leben, grob → grobe Worte, das Land → die Länder
2. b) die Bäuerin → Bauer, die Fährte → fahren, endlos → das Ende, das Rätsel → raten, langsam → lange, säuerlich → sauer, kleidsam → die Kleider
3. a) ä: der Bär, zäh, mähen//äu: das Knäuel, die Säule, sich sträuben
   b) Gewächs, Gips, Behauptung, vielleicht, Bus, Atlas

© Schöningh 978-3-14-025131-0